Richard Schaub
mit Bonney Gulino Schaub

Das Ende der Angst

Richard Schaub

mit Bonney Gulino Schaub

DAS ENDE DER ANGST

Emotionalen Schmerz verstehen, verwandeln und heilen

– ein spiritueller Weg aus der Angstfalle

Aus dem Amerikanischen von Gisela Kretzschmar

KAILASH

Die amerikanische Originalausgabe erschien 2009 unter dem Titel
»The End of Fear« im Verlag Hay House, Inc., USA.

FSC
Mix
Produktgruppe aus vorbildlich
bewirtschafteten Wäldern und
anderen kontrollierten Herkünften
Zert.-Nr. GFA-COC-001262
www.fsc.org
© 1996 Forest Stewardship Council

Verlagsgruppe Random House FSC-DEU-0100
Das FSC-zertifizierte Papier *EOS* für dieses Buch
liefert Salzer, St. Pölten.

1. Auflage
Deutsche Erstausgabe

Lektorat: Gerhard Juckoff
Satz: EDV-Fotosatz Huber/Verlagsservice G. Pfeifer, Germering
Druck und Bindung: Friedrich Pustet KG, Regensburg
Printed in Germany
ISBN 978-3-424-63013-8
www.kailash-verlag.de

Für Ava Grace, Fiona Hope, Lucinda Rose,
Marisol, Aisha Krista und Kurt Andrew

Inhalt

Vorbemerkung

Ich habe dieses Buch meist in der ersten Person Singular geschrieben, um meine eigenen Ängste und Verwundbarkeiten offen zu zeigen, aber alles, was ich darstelle, beruht genauso auf der Arbeit meiner Frau Bonney Gulino Schaub. Alle Einsichten und Übungen sind immer wieder gemeinsam geprüft und im Rahmen unserer Arbeit und unserer Beziehung weiterentwickelt worden.

Die Menschen, Ereignisse und Gespräche, die ich hier darstelle, stammen aus unserer dreißigjährigen Praxiserfahrung als Psychotherapeuten und Lehrer für Imagination und Meditation. Alle Einzelheiten, die zur Identifizierung einer Person führen könnten, haben wir zum Schutz der Privatsphäre verändert.

Einleitung
Das Bewusstsein um drei Uhr nachts

Noch spielen die Jagdhunde im Hof,
aber das Wild entgeht ihnen nicht,
sosehr es jetzt schon durch die Wälder jagt.
Franz Kafka: *Aphorismen*

Es war drei Uhr nachts in einem kleinen Hotelzimmer in Paris, und ich war hellwach. Am folgenden Nachmittag sollten wir nach Hause fliegen, aber meine Frau Bonney hatte eine schwere, schmerzhafte Ohrinfektion, und im Nebenzimmer hörte ich unsere schwangere Tochter würgen, weil sie unter Morgenübelkeit litt. Mein nächtliches Drei-Uhr-Bewusstsein stellte sich vor, wir würden unseren Flug verpassen und hier festsitzen, in diesen zwei Zimmerchen in einem fremden Land, bis uns schließlich das Geld ausginge. Dann kam mir der Gedanke, dass der ungewöhnliche Schmerz in meinem Kopf, den ich seit gestern ab und zu spürte, ein Gehirntumor war. Es war ein bemerkenswert eindeutiger und überzeugender Gedanke.

Ich bemühte mich, wieder einzuschlafen, aber irgendeine bösartige Tür in meinem Kopf hatte sich geöffnet, und weitere Ängste quollen massenhaft herein. Ich sah Bilder von toten Kindern, die zerschmettert unter bombardierten Häusern lagen, während panische Eltern wie Tiere in den Trümmern gruben, um sie zu finden. Ich sah Frauen in Kopftüchern, die ihr Gesicht bedeckten und schluchzten. Ich erinnerte mich, dass der Schmerz in meinem Kopf tatsächlich ein Tumor war – das war nicht nur meine Fantasie, die mir einen Streich spielte –, ich sagte mir, das könne nicht wahr sein, und dann erkannte ich, dass es doch stimmte. Ich stellte mir vor, wie ich orientierungslos zusammenbrach, ohnmächtig irgendwo auf einer Straße in Paris lag, während meine Frau und meine Tochter an einer Ecke des Bahnhofs Gare de Lyon um Geld bettelten.

So ging es immer weiter, und diese Vorstellungen hatten mich voll im Griff. Ich sah eine Flut apokalyptischer Bilder, Hungersnöte, Mord und Totschlag, Anarchie. Ich erkannte, dass die Welt ein Ort des Kriegs, der Dummheit und der Gier war, die zwangsläufig alles Gute im Leben zerstören würden. Ich sah, dass alle meine Beziehungen unecht waren, dass jeder von uns eine Maske trug und nur so tat, als würden ihm andere etwas bedeuten. Ich wurde wütend auf meinen Verstand, weil er mich mit diesen Gedanken quälte, aber er konterte unverzüglich und fuhr sein schwerstes Geschütz auf: »Diese Gedanken hast du nur, weil du verrückt geworden bist.« Ich lag im Bett, starrte an die Decke und erflehte von dem Gott, an den ich längst nicht mehr glaubte, er möge meinem geistigen Zusammenbruch ein Ende machen.

Und was geschah tatsächlich nach diesen dramatischen und quälenden Vorstellungen? Nichts, außer dass ich eine schlaflose Nacht hatte und mich selbst verrückt machte. Am nächsten Morgen gingen Bonney und ich zum American Hospital, konsultierten einen wunderbaren Dr.

Barre, der uns Medikamente gab und versicherte, dass meine Frau unbesorgt ins Flugzeug steigen durfte. Meine Tochter fühlte sich etwas besser, und wir flogen planmäßig nach Hause. Und auch wenn das nicht möglich gewesen wäre, hätten wir eine Lösung gefunden. Immerhin war ich über sechzig Jahre alt und verfügte über eine Menge Lebenserfahrung; wäre es denn wirklich so schwierig gewesen, für kurze Zeit in einer großen Stadt wie Paris zurechtzukommen? Bei Tageslicht wusste ich, dass diese vernünftige Überlegung der Wahrheit entsprach. Aber in meinem nächtlichen Drei-Uhr-Bewusstsein war die Furcht meine einzige Wahrheit.

Während ich in der Maschine der American Airlines saß und auf den Start nach New York wartete, genoss ich die Normalität der Leute, die miteinander sprachen, die Ankündigung des lustigen Films, der während des Flugs gezeigt werden sollte, und die Höflichkeit der Flugbegleiter. Ich fühlte mich gut aufgehoben und sicher. Ich konnte die Erfahrung der letzten Nacht im Hotelzimmer einordnen; mir war klar, dass ich einen Ausbruch angesammelter Ängste in meinem Inneren erlebt hatte. Und ich nahm an, dass ich sie losgeworden war, zumindest für eine Weile.

Doch diese Ansicht war nicht von Dauer. Drei Tage später fuhr ich auf dem Weg zur Arbeit Richtung Manhattan. Falls Sie New York nicht kennen: Es gibt einen Tunnel zwischen Long Island und Manhattan, der unter dem East River hindurchführt. Direkt bevor man in den Tunnel hineinfährt, kann man die gesamte New Yorker Skyline sehen – vom Empire State Building und den Vereinten Nationen im Norden bis zur 59. Straße und den Bronx-Whitestone-Brücken, und wenn man weiter nach

Süden schaut, sieht man die Lücke am Horizont, wo früher die Zwillingstürme des World Trade Center aufragten. Die Straße, die in den Tunnel führt, der Long Island Expressway, gilt als eine der am meisten befahrenen Schnellstraßen der Welt, sodass Verkehrsstockungen und Rückstaus normal sind.

An diesem Morgen bewegte sich die Autoschlange kaum vorwärts. Im Wagen neben mir sah ich einen jungen Mann, der in einem dicken Lehrbuch las, das er gegen das Steuerrad gelehnt hatte; er rechnete offenbar fest mit einer langen Wartezeit. Schließlich ordnete sich das Gewirr von Autos in zwei lange Schlangen, und wir krochen in den Tunnel hinein. Als wir ungefähr die Hälfte der Strecke geschafft hatten, ging es überhaupt nicht mehr weiter. Die Bremslichter von mehreren hundert Autos und Lastwagen tauchten die Tunnelwände in rotes Licht.

Nachdem wir einige Minuten so gestanden hatten und ich in meinem Wagen immer deutlicher den Gestank der dichten Abgase roch, spürte ich, wie meine Nervosität plötzlich anstieg und die Angst mich wieder überfiel. Am liebsten hätte ich alle Fenster geöffnet, aber ich wusste, dass es mir dann nur noch schlechter gehen würde.

Und dann hörte ich einen dumpfen Knall, der von irgendwo weiter vorne im Tunnel zu kommen schien. Ich stellte mir vor, dass eine Bombe eingeschlagen hätte, die Tunnelwände zusammengebrochen wären und die Wassermassen des East River nun über uns alle, eingeschlossen in unseren Autos, hereinbrechen würden. Gefangen in meiner Vorstellung blickte ich panisch nach vorne und hinten – in welche Richtung sollte ich schwimmen? Während das Wasser im Tunnel rasch anstieg, erkannte ich, dass ich würde tauchen müssen. Und tief in meinem

Bauch wusste ich, dass ich nicht lebend aus diesem Tunnel herauskommen würde.

Ich sah mich selbst als Wasserleiche stromabwärts treiben, hin und her gewirbelt von den Flutwellen, die durch die Bombenexplosion entstanden waren. Ich sah, wie jemand am Ufer stand und den Hunderten von Leichen, Leichenteilen, Autoteilen und Tunnelteilen hinterherschaute, die an der Freiheitsstatue vorbei und dann hinaus in den Atlantik getrieben wurden. Sah diese Person am Ufer auch meine körperlichen Überreste? Erkannte sie mich, während ich unterwegs war zu meiner letzten Ruhestätte unter den Wellen?

Dann erlosch die Reihe der Bremslichter vor mir, die Autos setzten sich wieder in Bewegung, ich erwachte schlagartig aus meiner Vorstellung des Ertrinkens und kehrte zurück in die Gegenwart, in der dic Fahrt weiterging.

Die Wurzeln der Angst

Sich der eigenen Sterblichkeit bewusst zu sein
bedeutet Angst zu haben.
Paul Tillich

Als Psychotherapeuten und Meditationslehrer haben Bonney und ich es zu unserem Beruf gemacht, die faszinierenden Aktivitäten des menschlichen Geistes zu untersuchen. Seit dreißig Jahren wenden wir die heilenden Prinzipien vieler spiritueller und psychologischer Traditionen an, von Zen, Achtsamkeits- und Qi-Gong-Meditation, christlicher und Sufi-Mystik bis zu Biofeedback, einsichtsorientierter Psychotherapie, Symbolik und der transpersonalen Psychologie der Psychosynthese. Mit diesen Methoden konnten wir Hunderten von Menschen helfen, ihre innersten Probleme zu bewältigen, wozu auch Ängste gehören, wie ich sie erlebt habe und Sie sie wahrscheinlich auch erleben.

Im Laufe eines normalen Tages zeigen sich Ihre Ängste vermutlich in einer sehr viel milderen Form, die sich besser handhaben lässt. Sie machen sich ein paar Minuten lang Sorgen; Sie denken immer wieder über eine kritische Bemerkung nach, die jemand Ihnen gegenüber gemacht hat; Sie werden nervös, wenn Sie etwas Neues zu tun haben; Sie spüren Zorn in sich aufsteigen, wenn Sie meinen, dass jemand Sie nicht leiden mag. Jedenfalls ist kaum anzunehmen, dass Sie täglich Armageddon oder Ihr eigenes katastrophales Ende vor Augen haben. Dennoch kennen auch Sie wahrscheinlich die Auswirkungen des uns allen gemeinsamen menschlichen Gefühls, verwundbar zu sein, nervös oder ängstlich zu werden, und Sie spüren die dadurch verursachten Verkrampfungen im Nacken, Rücken oder Magen oder haben ängstliche Vorahnungen von zukünftigen Ereignissen, die vielleicht niemals eintreten werden. Mein Zusammenbruch in Paris und meine Vision vom Ertrinken im Tunnel mögen dramatische Beispiele sein, aber die Wahrheit ist, dass unser Bewusstsein genauso viel Zeit damit verbringt, mit den vielen Formen der Angst und den Vorstellungen lebensbedrohlicher Situationen zu ringen, wie es unserer liebevollen Verbundenheit mit dem Leben widmet.

Dieses Buch wurde geschrieben, weil wir solche Ängste lindern wollen.

Um das zu tun, muss ich Ihnen von einer seltsamen Entdeckung berichten, die Bonney und mir irgendwann im Verlauf unserer beruflichen Praxis dämmerte. Von privilegierten Erbinnen und Filmstars bis hin zu verlorenen Seelen, die gerade ihren zweiten Aufenthalt in der geschlossenen Psychiatrie oder ihre dritte Rehabilitation hinter sich brachten, haben wir immer wieder dieselbe Geschichte gehört: die Geschichte der Angst, die in ihnen aufstieg, wenn ihnen vollständig klar wurde – sei es durch eine große Enttäuschung, eine Trennung, Krankheit, Tod oder einfach im Rahmen ihrer eigenen spirituellen Suche –, dass unser Leben unvorhersehbar und zerbrechlich ist und dass Verluste garantiert sind. Katholische Priester und Nonnen, jüdische Rabbis, protestantische Pfarrer und muslimische Imams haben uns konsultiert, weil sie Hilfe im Umgang mit ihren eigenen Ängsten brauchten und um selbst wieder Kraft zu sammeln für ihre Aufgabe, anderen zu helfen – um die nächsten Eltern zu trösten, deren Kind behindert geboren wurde, oder die nächste Familie, die einen geliebten Angehörigen bei einem sinnlosen Unfall verloren hatte.

Wir haben die Ängste dieser Menschen mit konzentrierter Aufmerksamkeit untersucht und Folgendes festgestellt: Wenn Sie Ihrer Angst bis zu den tiefsten Wurzeln folgen, kommen Sie auf der anderen Seite immer in einem Feld der Liebe heraus. Kurz gesagt: Wir haben entdeckt, dass die Liebe zum Leben der Ursprung der Angst ist. Dieses Buch ist eine spirituelle Reise, die Ihnen helfen soll, diesen Zusammenhang für sich selbst zu entdecken und zu erfahren, wie wohltuend er sich in Ihrem Leben auswirkt – um der Angst, so wie Sie sie kennen, ein Ende zu machen.

Wir werden nicht versuchen, Ihnen einzureden, dass Ihre Ängste irrational oder unbegründet sind oder dass sie unterdrückt oder geleugnet werden sollten. Im Gegenteil: Ihre Angst ist nicht irrational – sie ist *real*. Auf dem »realistischen« spirituellen Weg, den Sie in diesem Buch kennenlernen werden, wird Angst als eine Tatsache behandelt, die man wertschätzen, verstehen und verwandeln kann. Bis Sie wissen, auf welche Weise Sie Ihre Angst transformieren können, wird sie Ihre Zuversicht untergraben und Ihre Lebenserfahrung bei jedem Richtungswechsel schmälern, indem sie dafür sorgt, dass begleitende Gefühle wie Ärger oder Zorn Ihr Denken und Verspannungen oder Verkrampfungen Ihren Körper beeinträchtigen. Sobald Sie wissen, wie Sie Ihre Angst verwandeln können, werden Sie sich frei fühlen, Ihr Potenzial für Freude, Einssein und Liebe vollständig zu verwirklichen – die angeborenen spirituellen Eigenschaften, die Sie mitgebracht haben, als Sie in diese Welt kamen, und die zurzeit noch in Ihnen schlummern.

Der realistische Weg

Ich glaube, wir müssen, alle gemeinsam,
zu einer neuen Spiritualität finden.
Der Dalai Lama

Die ersten Schritte unserer Reise bestehen darin, dass wir lernen, die Menschen in unserer Umgebung auf eine neue Weise zu sehen: Ausnahmslos jeder, der Ihnen begegnet, ist verwundbar.

Mit dem Wort »verwundbar« bezeichnet man ganz buchstäblich etwas oder jemanden, das oder der »anfällig für Verwundungen« ist. Verwundbarkeit zeigt sich als ein Gefühl, ja – ein Gefühl der Beunruhigung und Unsicherheit, das dadurch entsteht, dass wir einem Risiko ausgesetzt und anfällig für Verwundungen sind, aber sie ist mehr als nur ein Gefühl. Sie ist zugleich ein Zustand, in dem wir alle leben; sie ist tatsächlich unsere menschliche Grundsituation. Egal wie sehr wir das zu leugnen versuchen, tief in unserem Inneren wissen wir, dass das Leben nicht vorhersagbar ist und wir in jedem Augenblick Veränderung und Verlust riskieren. Und egal wie robust jemand äußerlich wirken mag, im Inneren ist er genauso verwundbar wie Sie selbst; sogar der stärkste Mann der Welt lebt in einem Zustand äußerster Zerbrechlichkeit. Keine Religion bewahrt uns davor, und weder Geld noch Status können diese Grundtatsache des Lebens ändern. Unsere Verwundbarkeit ist in der Vergänglichkeit des Lebens begründet, der wir alle unterworfen sind.

Diese Sichtweise ist als solche nicht neu. Buddhisten bezeichnen die gerade beschriebene Wahrheit als »Wahrheit der Unbeständigkeit«. Philosophen im Osten wie im Westen kennen sie als »menschliche Grundverfassung«. Auch die moderne Psychologie hat sie erfasst und beschreibt sie als den Kampf-oder-Flucht-Instinkt, der in jedem von uns auftritt, wenn die Urangst, mit der wir leben, ausgelöst wird.

Anhand konkreter, persönlicher Beispiele werden wir Ihnen die drei klassischen Verhaltensweisen zeigen, für die sich Menschen entscheiden, um mit ihrer Verwundbarkeit zurechtzukommen. Manche lassen sich auf den Materialismus ein, andere setzen ihre Hoffnungen auf die

Religion, und wieder andere ziehen sich vom Leben zurück und flüchten in einen distanzierten Skeptizismus. Wenn Sie die Geschichten lesen, werden Sie erkennen, dass jede dieser Verhaltensweisen ein Versuch ist, sich von der Angst abzuwenden – aber wir haben entdeckt, dass ein Prozess von fundamentaler emotionaler und spiritueller Bedeutung in Gang kommt, wenn wir eine Kehrtwendung vollziehen und ihr ins Gesicht sehen.

Im zweiten Teil der Reise geht es darum einzuüben, wie wir uns der Angst *in geschickter Weise* zuwenden. Da Ihre Verwundbarkeit nicht verschwinden wird, ist es am klügsten, wenn Sie lernen, damit zu leben, und wir zeigen Ihnen, wie man das macht.

Wir werden Ihnen die Hintergründe der vorgeschlagenen Übungen erläutern und Ihnen erklären, was nach unserer Erfahrung wirkt und was nicht. Wir werden Ihnen zeigen, wie Sie die *bewusste Wahrnehmung der Verwundbarkeit* üben können, während Sie mit anderen Menschen zusammen sind, sich draußen in der Natur aufhalten oder einfach nur Ihren Gedanken nachhängen. Wir vermitteln Ihnen die Grundlage für eine Praxis, die sofort und dauerhaft wirkt und die Sie jederzeit überall anwenden können.

Während Sie mit Ihrer Praxis beginnen, stellt sich der dritte Abschnitt der Reise ganz von selbst ein. Man könnte sagen, er kommt zu *Ihnen*, statt umgekehrt. Je mehr Sie Ihre Verwundbarkeit akzeptieren und sich Ihrer Angst mit freundlicher Fürsorge zuwenden, desto mehr werden Sie sich mit jedem anderen lebenden Wesen verbunden fühlen – und desto mehr werden Sie Ihre tiefe, angeborene Liebe zu allen lebenden Wesen und damit auch zu sich selbst spüren.

Diese verbindende Liebe, dieses allumfassende und erhebende Gefühl des Einsseins, ist Ihr angeborenes spirituelles Potenzial. Es kommt an die Oberfläche, weil es immer da war, in den Tiefen Ihres Seins, zurückgehalten einzig durch die Angst. Wir werden Ihnen zeigen, wie es im Leben der Leute, mit denen wir gearbeitet haben, an die Oberfläche gekommen ist und wie es deren Leben verändert hat. Wir werden Ihnen helfen zu erkennen, dass diese Entwicklung auch bei Ihnen eintreten kann und dass der Titel dieses Buches zu dem Weg werden kann, auf dem Sie durch die Welt gehen.

Teil I
Die Angst verstehen

Der Ursprung der Angst

Ich bin durch viele Irrungen und Wirrungen gegangen – wovon die meisten eingebildet waren.
Mark Twain

Obwohl Anne am nächsten Morgen an einer wichtigen Sitzung teilnehmen sollte, konnte sie nicht einschlafen. Sie nahm sich immer wieder vor, sich endlich zu entspannen, damit sie gelassen und ausgeruht zu dieser Sitzung gehen konnte, aber der Schlaf wollte sich nicht einstellen. Ab und zu schaute sie auf die roten Leuchtziffern des Weckers: 1 Uhr 30, 2 Uhr, 2 Uhr 30. Allmählich wurde sie panisch und verbot sich jeden weiteren Blick auf den Wecker, aber dann schaute sie doch wieder hin: 2 Uhr 45. Sie warf sich im Bett hin und her, stand auf, ging zur Toilette, legte sich wieder hin, wälzte sich herum und sagte sich erneut: *Schau bloß nicht auf die Uhr*. Irgendwann musste sie dann doch eingeschlafen sein, denn das Nächste, woran sie sich erinnert, ist das Klingeln des Weckers um 7 Uhr.

Nachdem Anne mir ihre Geschichte erzählt hatte, fragte ich sie: »Wie war die Sitzung?« »Gut«, sagte sie, obwohl sie ein Nervenbündel gewesen war und das Ende herbeigesehnt hatte.

Worauf bezog sich also die Angst, die ihr nachts den Schlaf geraubt hatte?

Sie hatte befürchtet, während der Sitzung das Wort ergreifen zu müssen.

Was war daran so beängstigend? Hatte sie nicht schon auf vielen Sitzungen gesprochen?

Doch, natürlich; sie war seit zehn Jahren im Geschäft und hatte auf zahllosen Sitzungen gesprochen. Aber es war für sie jedes Mal eine Qual, sich den Moment vorzustellen, in dem sie etwas sagen musste.

Und wovor hatte sie Angst?

Anne dachte einen Moment nach und erklärte dann: »Ich könnte unsicher wirken.«

Und was würde dann passieren?

Die Antwort kam wie aus der Pistole geschossen: »Ich würde den Eindruck machen, als wüsste ich nicht, worüber ich rede.«

Obwohl sie seit zehn Jahren in ihrem Job erfolgreich war?

»Ja – sie würden einen schlechten Eindruck von mir bekommen.«

Und dann?

Anne hielt inne, und auf ihrem Gesicht begann sich eine tiefere Sorge zu spiegeln. »Sie würden mich nicht mehr wollen«, sagte sie. »Sie würden mich versetzen.«

Und was würde *dann* passieren?

Schritt für Schritt schälten wir die Schichten von Annes Ängsten ab: Ihre Firma würde andere Mitarbeiter für besser halten. Anne würde degradiert werden. Am Ende würde man sie entlassen. Ohne ein gutes Zeugnis von ihrem derzeitigen Arbeitgeber würde sie keinen neuen Job finden. Ihr würde das Geld ausgehen, sie würde ihre Wohnung verlieren und auf der Straße enden.

Plötzlich waren wir bei Annes Version meines Pariser Albtraums angelangt – meiner Vision, wie ich verzweifelt und mittellos auf den Straßen von Paris zusammenbrach. Auch mich hatte diese Angst in den frühen Morgenstunden überfallen, zu einer Zeit, wenn kleine Kinder aufwachen, sich vor dem Monster im Schrank fürchten und Zuflucht im Bett der Eltern suchen. Bei Erwachsenen geht man davon aus, sie wüssten, dass solche Monster der Fantasie entspringen, aber in Wirklichkeit sind unsere Ängste genauso real wie die von Kindern. Sie nehmen einfach nur eine andere Form an.

Wo liegt der Ursprung dieser Ängste in unserem Inneren, und was sagen sie uns über unsere Natur? Woher kommen die Monster?

Keine Gefahr im Verzug

*FEAR: False Evidence Appearing Real**

Slogan der Anonymen Alkoholiker

Jeder fühlt sich manchmal unsicher, bedroht, schutzlos irgendwelchen Risiken ausgesetzt. Das sind normale Emotionen, die wir alle haben, normale Reaktionen, die sich nicht auf tatsächliche Gefahren für Leib und Leben, sondern auf Bedrohungen beziehen, die wir uns vorstellen. Aber im Extremfall können sie uns lähmen – uns das Gefühl geben, dass wir buchstäblich vor Angst erstarren, oder uns so in Wut versetzen, dass wir übertrieben aggressiv werden.

Der Geschäftsmann, der auf einer Sitzung eine leichte Kritik einstecken musste, verlässt den Konferenzraum mit

* FURCHT: Falsche Annahmen, die wahr erscheinen. Anm. d. Übers.

klopfendem Herzen, und in seinem Kopf explodieren Rachegedanken gegen den Kollegen, der ihn kritisiert hat. Der Arbeitssuchende sitzt wie betäubt am Telefon, zu erstarrt, um mit einem kurzen Anruf herauszufinden, ob er angenommen oder abgelehnt wurde. Der Junge sieht die Gleichgültigkeit in den Augen seines Vaters und will nur noch aus dem Zimmer rennen. Der Prediger reagiert wütend und verächtlich, wenn jemand seinen spirituellen Ansichten widerspricht.

Solche Reaktionen sind rätselhaft: Eine leichte Kritik, die Erwartung einer Ablehnung, eine Meinungsverschiedenheit, und doch verhält sich der Körper, als stünde unser Leben auf dem Spiel. Welcher Gefahr stehen wir tatsächlich gegenüber?

Der englische Ausdruck FEAR (Furcht, Angst), so sagen die Anonymen Alkoholiker, steht für »False Evidence Appearing Real« (falsche Annahmen, die wahr erscheinen). Tatsache ist, dass die meisten unserer Ängste nichts mit realen Gefahren zu tun haben und keine realen Bedrohungen mit ihnen verbunden sind. Sie spielen sich nur in unseren Gedanken ab und werden nicht von objektiven Fakten gestützt. Trotzdem bewirken sie etwas in uns. Sobald wir eine Bedrohung wahrnehmen, selbst wenn sie gar nicht vorhanden ist, wird in unserem Körper und in unseren Gedanken ein kompliziertes Alarmsystem in Gang gesetzt, das körperliche Reaktionen auslöst – im Herz-Kreislauf-System, in den Muskeln, auf der biochemischen und der neurologischen Ebene –, die wir als sehr real erleben.

Die Ursache von Angst

Und so von Stund zu Stunde reifen wir,
Und so von Stund zu Stunde faulen wir,
Und daran hängt ein Märlein.
Shakespeare: *Wie es euch gefällt*

Es ist wohl allgemein bekannt, dass unsere genetisch programmierte Reaktion auf Stress, die ursprünglich dazu dienen sollte, unsere körperliche Unversehrtheit in einer Welt voller Raubtiere zu schützen, in bedrohlichen Situationen des modernen Lebens unsere Gesundheit zerstören kann. Ein kräftiger Adrenalinstoß mag den prähistorischen Menschen befähigt haben, einem Säbelzahntiger zu entkommen, aber dem Angestellten im Konferenzzimmer verschaffen Muskelverspannungen und Herzrasen keinen Vorteil. Also sieht es auf den ersten Blick so aus, als sei unser Überlebensinstinkt nicht mehr an die Realität angepasst. Doch das stimmt nicht. Er reagiert auf eine tiefere Wirklichkeit als die kritische Bemerkung oder das Bewerbungsgespräch: Er reagiert auf die Wirklichkeit, wie sie *wirklich* ist.

Unser Überlebensinstinkt wirkt aus einer ursprünglichen Wahrheit heraus: Das Leben ist eine wundersame und merkwürdige Erfahrung, bei der alles und jedes, was wir sehen, uns selbst eingeschlossen, in jedem Augenblick Gegenstand der Veränderung oder des Verlustes sein kann. Das ist die buddhistische »Wahrheit der Unbeständigkeit«. Das ist es, was Freud als »infantile Hilflosigkeit des Menschen« bezeichnet hat, die Eigenschaft, die unsere menschliche Grundverfassung bestimmt: Wir leben im Bewusstsein unserer eigenen Sterblichkeit.

Der Psychiater Aaron Beck, Begründer und Pionier der kognitiven Therapie, sieht in der bewussten Wahrnehmung des Todes die Wurzel aller unserer Ängste. »Um Angstgefühle zu verstehen, sollten wir die Symptome nicht als fremdartige Erfahrungen wahrnehmen, sondern als Ausdruck grundlegender, ursprünglicher Funktionen.« Die Monster, die bei Nacht kommen, um die Kinder zu holen, sind unsere Bilderbuch-Modelle der Wahrheit, dass Sie und ich eines Tages aus unserem gegenwärtigen Leben entführt werden. Und noch bevor uns das selbst geschieht, werden wir Zeugen, wie es anderen geschieht, auch jenen, die wir lieben.

Wenn wir unsere Ängste in diesem Licht betrachten, erkennen wir, dass sie ganz und gar nicht unvernünftig sind.

Die eigene Verwundbarkeit kennen

Wer die Lieblichkeit der Welt schauen,
ihren Gram teilen und etwas von dem Wunderbaren,
das in beiden liegt, ermessen kann, der steht in
unmittelbarer Berührung mit göttlichen Dingen.
Oscar Wilde: *De Profundis*

Zwar teilen wir die Grundverfassung der Verwundbarkeit mit allen Lebewesen, doch wird sie dadurch verschärft, dass wir als Menschen zur Selbsterkenntnis fähig sind. Wir leben, wie es der Dichter Wendell Berry ausgedrückt hat, mit der »Voraussicht der Trauer«. Ganz sicher können wir es zwar nicht wissen, aber wir sind vielleicht die einzigen Geschöpfe auf der Welt, die in dem Bewusstsein durchs Leben gehen, dass sie eines Tages nicht mehr hier sein werden.

Manche Menschen reagieren auf diese Wahrheit empfindsamer als andere; sie sind auf die Möglichkeit von Veränderung und Verlust feiner eingestimmt und spüren sie tiefer als andere. Für viele Leute ist das Ende des Sommers nichts weiter als der Beginn des Herbstes, aber die Sensiblen reagieren melancholisch, wenn Licht und Wärme schwinden, die Tage kühler werden und die Dunkelheit früher hereinbricht; das Ende einer Jahreszeit erinnert sie an das Vergehen der Zeit und das unvermeidliche Ende aller Dinge. Diese Art von Melancholie ist keine Depression, sondern eine tiefe Gefühlsbewegung, die eindeutig ist, sich aber nicht mit Worten beschreiben lässt. Wenn die Sänger beim spanischen Flamenco oder beim portugiesischen Fado ihre charakteristischen Moll-Klagen von sich geben, dann verleihen sie diesem Gefühl in ihrem Inneren eine Stimme. Ich habe einmal gehört, wie ein Flamenco-Sänger sagte, jedes einzelne seiner Lieder sei eine Klage über die Unvermeidlichkeit des Verlustes.

Schon als Kinder beginnen wir die Möglichkeit von Veränderung und Verlust zu spüren, und manche Kinder reagieren darauf eigentümlich sensibel, indem sie sehr früh intuitive und tiefgründige Fragen darüber stellen, wohin Menschen oder Haustiere gehen, nachdem sie gestorben sind. Einige Wochen nach dem Tod ihrer Urgroßmutter, die wir GG (nach dem englischen Begriff »great-grandmother«) nannten, kam unsere dreijährige Enkelin zu mir, während ich Laub harkte, und fragte beiläufig: »Ist meine GG tot?«

Ich antwortete: »Ja, Schätzchen, sie ist tot.«

Dann fragte sie mich, ob meine Mutter tot sei, und ich sagte ja.

Sie schwieg einen Moment und wollte dann wissen, ob mein Vater tot sei. Wieder sagte ich ja und wünschte mir, ich könnte in diesem Moment den Kern ihrer Fragen erkennen, um zu verstehen, worauf sie hinauswollte.

Schließlich verkündete sie voller Überzeugung: »GG ist nicht tot – sie ist gestorben.«

Ich hörte auf zu harken, und wir setzten uns gemeinsam auf den Blätterhaufen.

In der Annahme, sie könnte vielleicht das, was sie sagen wollte, nicht richtig ausdrücken, formulierte ich ihre eigenen Worte anders: »Ja, Liebes, sie ist gestorben, und jetzt ist sie tot.«

Im Augenblick hatte sie nichts weiter zu sagen. Ich umarmte sie, und sie warf ein paar Blätter in die Luft und lief in den Garten zum Spielen.

Als ich sie eine Woche später in die Kindertagesstätte brachte, erklärte sie unvermittelt noch einmal, GG sei gestorben, aber nicht tot. Diesmal stimmte ich ihr einfach zu, weil ich das Gefühl hatte, ich sollte jetzt lieber meinen Mund halten und mich fragen, was meine Enkelin mir mitteilen wollte.

Ihr Hund, ein großer Golden Retriever namens Cody, war einige Monate vor GG gestorben. Als meine Enkelin ihre Eltern gefragt hatte, wo Cody war, hatten sie ihr gesagt, er sei jetzt im Himmel. Während ich auf den Parkplatz der Kindertagesstätte einbog, erklärte sie plötzlich, sie habe von Cody geträumt: Er und GG würden im Himmel zusammen spielen, und GG sei sehr glücklich.

Mit dieser nüchternen Feststellung schien ihre Frage nach dem Verbleib von GG erledigt zu sein. Ein paar

Wochen später, als wir auf einem Bauernhof in der Nähe waren und dort durch eine Apfelplantage gingen, sahen wir weit entfernt am Ende einer Apfelbaumreihe einen großen Golden Retriever. Sie machte keine Anstalten, zu ihm hinzulaufen oder ihn auch nur zu rufen, sondern sagte nur: »Sieh mal, Cody ist wieder da. Er lebt jetzt bei dem Bauern.«

Ich stimmte ihr zu und fragte mich, ob sie sich in ihrem Köpfchen zurechtgelegt hatte, dass auch GG eines Tages zurückkehren würde. Ich glaube nicht an solche Dinge, aber was weiß ich schon? Jede Spekulation über ein Leben nach dem Tod, sogar die, dass es keins gibt, ist nur Spekulation.

Wenn wir heranwachsen, treten solche Fragen in den Hintergrund und werden durch das Gefühl ersetzt, dass wir unverwundbar und unsterblich sind. Die Jugend ist ein Entwicklungsstadium, in dem wir uns manchmal rücksichtslos und unbesonnen verhalten. Sie ist auch eine Zeit, in der unsere Gefühle der Verwundbarkeit oft durch einen selbstgerechten Zorn über die lästigen Pflichten gedämpft werden, die uns Erwachsene und andere Autoritätspersonen auferlegen. Diese zornige Gewissheit in unseren Gedanken und Gefühlen schützt uns als Teenager vor dem ständigen Wechsel unserer vielfältigen Stimmungen und Selbsterfahrungen.

Die Schonzeit ist jedoch meist nur kurz. Das Leben lässt uns rasch erwachsen werden und macht uns nur zu bald mit unserer wirklichen Situation bekannt. Wir erleben, wie Freunde und Verwandte krank werden und sterben, und irgendwann sehen wir auch Zeichen der körperlichen Veränderung bei uns selbst. Trotz manchmal heroischer geistiger Anstrengungen, solche Gedanken zu vermeiden, müssen wir früher oder später unserer ungewissen und vergänglichen Situation auf dieser Welt ins Auge sehen. Wenn wir dazu noch nicht bereit oder fähig sind, suchen wir Zuflucht in der vermeintlichen Sicherheit des materiellen Erfolgs, im Trost des religiösen Glaubens oder in der sicheren Distanz der Unberührbarkeit. Doch schließlich wird uns klar, dass wir unser Versteck verlassen und die wahre Antwort finden müssen.

Eines Abends betrat ein Mann meine Praxis und sagte, er brauche eine Antwort, bevor er sein Leben noch irgendwie weiterleben könne. Die menschliche Grundverfassung war zu real für ihn geworden.

Verwundbarkeit

Grad in der Mitte unsrer Lebensreise
befand ich mich in einem dunklen Walde.
Dante: *Inferno*

Es war ein kalter Winterabend, und der Wetterbericht hatte einen Schneesturm vorhergesagt. Ich war müde und sehnte mich danach, bald Feierabend zu machen, hatte aber noch einen letzten Termin mit einem neuen Patienten namens Ryan, den ich bisher noch nicht kennengelernt hatte.

Als Ryan hereinkam, war sein Gesicht vom Wind gerötet. Kaum hatte er sich gesetzt, da rüttelte er mich mit einer verblüffenden Frage wach: »Mit einem Wort, Doktor, was stimmt mit mir nicht?«

Seine Frage klang wie eine Forderung. Er war groß und kräftig und wirkte wie ein Mann, der daran gewöhnt war, Verantwortung für Menschen und Situationen zu tragen – was er, wie sich herausstellte, als hoch bezahlter Manager im Sportartikel-Marketing auch tat. Während er mir ein paar Momente gönnte, um über meine Antwort nachzudenken, schaute er in meiner Praxis herum, und ich sah ihn das Gesicht verziehen, als sein Blick auf die Statue eines meditierenden Mönches und einen Botticelli-Druck fiel, auf dem Maria mit dem Jesuskind dargestellt war. Aber als wir miteinander zu reden begannen, ließ er seine

Managerpose fallen und wurde ein Mensch wie jeder andere, der versucht, den Sinn des Lebens zu ergründen.

Ryan litt schon seit fast einem Jahr unter Angstgefühlen und einem nervösen Magen. Alle Untersuchungen bei seinem Hausarzt und diversen Spezialisten hatten bestätigt, dass ihm nichts fehlte, und schließlich hatte man ihm ein Rezept für Tranquilizer in die Hand gedrückt, die er jedoch nicht nehmen wollte. Dann hatte er dem Drängen seiner Frau nachgegeben und es mit verschiedenen Formen der alternativen Heilung versucht, ein bekanntes Medium konsultiert, Yoga-Kurse und einen Ernährungsberater besucht, und nun wandte er sich an einen Psychotherapeuten, nämlich mich. Von dem Medium hatte er sich eine schnelle Lösung erhofft, war jedoch zu skeptisch gewesen, um dessen Vorschläge ernst zu nehmen; während der Yoga-Kurse hatte er sich von den jungen Frauen in ihren eng anliegenden Gymnastikanzügen ablenken lassen, und auch an die Empfehlungen des Ernährungsberaters hatte er sich nicht lange gehalten.

Er unterbrach die komische Beschreibung seiner Suche nach Heilung, richtete seinen Blick noch einmal gezielt auf die Statue des Mönches und rollte mit den Augen: »Und jetzt sitze ich bei irgendeinem religiösen Seelenklempner, der mir sagen wird, dass ich verrückt bin.«

»Okay, Sie sind verrückt.« Ich dachte, der Trick könnte funktionieren.

Ryan verstand und lachte, lehnte sich dann entspannt zurück und erzählte mir seine Geschichte mit mehr echtem Gefühl.

Er wusste noch genau, wann seine Probleme begonnen hatten. Eines Nachts war er zur kritischen Zeit gegen drei Uhr aus einem Traum aufgewacht, in dem er in einem

Gebäude eingeschlossen gewesen war, das anscheinend keine Ausgänge hatte. Er war erleichtert, als er merkte, dass er nur geträumt hatte, aber erst gegen fünf Uhr früh konnte er schließlich wieder einschlafen.

Als der Wecker um sieben Uhr klingelte, bemerkte Ryan, dass er sich ganz anders fühlte als gewöhnlich. Normalerweise stand er gerne auf: an einem Wochentag, weil ihm sein Job Spaß machte, und an den Wochenenden, weil er sich darauf freute, zu Hause auszuruhen. Aber jetzt empfand er eine seltsame Beklemmung; sein Magen war irgendwie gereizt. Es könnte damit zusammenhängen, dass er schlecht geschlafen hatte, dachte er sich, oder vielleicht war auch eine Erkältung im Anzug.

Als er nachmittags an seinem Schreibtisch saß und einen bekannten Sportprofi anrufen wollte, ein Telefonat, wie er sie schon zu Hunderten geführt hatte, fühlte er sich außergewöhnlich nervös. Wieder war sein Magen ein Teil des Problems, und nun war er sich ziemlich sicher, dass es sich um die Vorboten einer Krankheit handelte.

Aber sein schlechter Schlaf in der Nacht und der nervöse Tag waren für Ryan der Beginn einer Veränderung. Seine Symptome traten häufiger auf und machten sich gelegentlich sogar in der Freizeit bemerkbar. Obwohl es ihm zuwider war, rief er seinen Arzt an und vereinbarte einen Termin.

Der symbolische Geburtstag

Jagt dir der Wechsel, dem alles unterworfen ist, Furcht ein?
Was könnte denn geschehen, wenn sich nichts veränderte?
Was gibt es Angemesseneres für die Natur
als diese Veränderung!
Mark Aurel: *Meditationen*

Während der Wind die Schneeflocken gegen mein Praxisfenster trieb, beschrieb Ryan sein Leben. Oberflächlich erschien es privilegiert, sogar mit Glück gesegnet. Als Junge hatte er sich für Sport begeistert, und nun war er beruflich erfolgreich als leitender Angestellter in der Sportartikelindustrie tätig und hatte fast täglich mit bekannten Sportlern zu tun. Seine Kinder, beide gesund, waren beeindruckt von den Stars, die ihr Vater kannte, und sie freuten sich immer auf die Veranstaltungen, die sie dank seiner Kontakte besuchen konnten. Seine attraktive Frau unterstützte ihn und war eine gute Mutter.

Was stimmte nicht an diesem Bild? In Ryans Kindheit hatte es keinen Missbrauch gegeben, keine Drogen- oder Alkoholsucht, keine dunklen Geheimnisse. Es gab nur ein einziges Problem: Er war 49 Jahre alt, und das bedeutete, dass er bald fünfzig wurde.

Fünfzig.

Ich habe erlebt, wie solche symbolischen Geburtstage ganz von selbst Krisen der Verwundbarkeit auslösen. Fünfzig zu werden bedeutet, dass man gut die Hälfte seines Lebens hinter sich hat – wenn man sehr alt wird, vielleicht etwas weniger als die Hälfte, aber eher schon ein gutes Stück mehr. Und der sechzigste Geburtstag trifft einen sogar noch härter, weil die Zahl als solche deutlich macht, dass wir ganz sicher *sehr viel mehr als die Hälfte* unseres Lebens hinter uns haben. Denn nicht einmal in unseren kühnsten Träumen würden wir uns vorstellen, dass wir 120 Jahre alt werden könnten. Das Leben erstreckt sich nicht mehr in einen endlosen Horizont von Möglichkeiten. So wie die Dinge jetzt sind, werden sie wahrscheinlich auch bleiben. Und die Illusion der Unsterblichkeit, die wir als Jugendliche hatten, ist jetzt für uns längst Geschichte; wir kennen genug Leute, die krank geworden sind, genug Leute, die gestorben sind, und es lässt sich nicht mehr leugnen, dass dieses Schicksal auch uns eines Tages treffen wird. Symbolische Geburtstage machen uns bewusst, dass wir unsere Lebenszeit nur geliehen haben.

Ist das alles?

Plötzlich erfahren die Menschen etwas, das sie durchfährt wie ein Blitz, etwas, das ihr weltanschauliches Konzept zerschlägt. Plötzlich stimmt alles nicht mehr … Was der Mensch hier erlebt, geht über das hinaus, was seinem welt- und selbstbewussten Ich bekannt ist, und doch kommt es aus einer Wirklichkeit, die offenbar in ihm ist. Es ist die Wirklichkeit seines Wesens.

Karlfried Graf Dürckheim: *Der Ruf nach dem Meister*

Als Ryan sich seinem fünfzigsten Geburtstag näherte, tauchten neue Fragen auf, die er sich bisher noch nie gestellt hatte, und sie verlangten nach Antworten. Gab es irgendetwas in seiner Lebensweise, das ihn in diesen Zustand der Beklemmung getrieben hatte? Hatte er irgendeinen großen Fehler gemacht, der sich nun rächte? Hatte er etwas vernachlässigt, das für ihn wichtig war und um das er sich vor langer Zeit einmal gekümmert hatte?

Hätte er vor nur zwei Jahren andere Leute so reden gehört, dann hätte er darüber gelacht. Er hätte gedacht, dass sie ihre Zeit verschwenden, denn es war doch offensichtlich, dass es im Leben um die Gegenwart ging, darum, neue Erfahrungen zu machen und seine Ziele zu erreichen, statt bloß dazusitzen und über sinnlose Fragen zu grübeln. Aber jetzt stellten sich die Fragen mit einer ungewohnten Dringlichkeit, und vor allem eine ließ ihn nicht mehr los: *»Ist das alles?«*

Als Ryan mich mit dieser Frage konfrontierte, sah ich vor meinem inneren Auge die Gesichter früherer Patienten, die mich dasselbe gefragt hatten. Ich wusste, ihr *»alles«* bezog sich auf das gegenwärtige Leben, das die Patienten führten, und ihr *»das«* bedeutete unausgesprochen, dass in diesem gegenwärtigen Leben etwas fehlte, dass es nicht genug war. Die Frage schien aus einem Ort in ihrem Selbst zu kommen, an dem wir wissen, dass es mehr gibt, auch wenn wir nicht genau sagen können, was dieses »Mehr« wohl sein mag.

Für Ryan galt Letzteres ganz gewiss. Als er die Frage aussprach, fügte er gleich hinzu, er wisse nicht, was er damit meinte. Aber er spürte es ganz eindeutig. Die Jahre zerrannen ihm zwischen den Fingern, die Zeit verging, und irgendetwas war noch nicht geschehen, das hätte geschehen sollen. Er wusste, was es nicht war – eine berufliche Chance oder eine Veränderung in seinem persönlichen Leben –, aber er konnte nicht genau definieren, was es wirklich war. Manchmal nahm er sich vor, das Gefühl zu ignorieren und sein bisheriges Leben einfach fortzuführen. Aber das Gefühl der Sehnsucht nach diesem Mehr wollte nicht verschwinden.

Es ist eine Sache, wenn man von jemandem, der nie die Chance hatte, des Lebens Süße zu erfahren, etwas über diese Sehnsucht, dieses Gefühl der Leere hört. Aber es ist eine ganz andere Sache, wenn ein Mensch wie Ryan davon spricht, der alles – Familie, Geld, materiellen Besitz und beruflichen Status – hat, was man braucht, um zufrieden zu sein. Und noch weiter oben auf der Leiter des materiellen Erfolgs habe ich die Frage »Ist das alles?« sogar von einem Mann gehört, der sich gerade von seinen Wall-Street-Dividenden ein großes Haus in den Bergen gebaut hatte, und von einer Frau, die eben mit einem Oscar aus Hollywood zurückgekehrt war. Das heißt, dass diese drängende leise Frage unabhängig von den tatsächlichen Lebensumständen an die Oberfläche tritt; sie kommt tief aus dem Inneren eines Menschen, aus einem Bereich, der der äußeren Realität gegenüber gleichgültig ist.

Anfangs hatte Ryan noch keine Ahnung, woher seine Frage kam. Woran mangelte es ihm? Was fehlte in seinem beruflichen oder privaten Leben so sehr, dass es ihn krank machte? Während wir miteinander sprachen, begann sich eine neue Ebene seines Problems zu zeigen. Er benannte sie auf typisch amerikanische Weise: »Ich bin einfach nicht glücklich.« Ich sage amerikanisch, weil es ein amerikanischer Mythos ist, dass wir glücklich sein sollten, dass wir die Qualität unseres Lebens daran zu messen haben, ob wir glücklich sind oder nicht. Unsere Verfassung gibt uns sogar das unveräußerliche Recht, nach Glück zu streben. (Die Väter der Verfassung waren weise genug, die Formulierung »streben« zu wählen, denn darin liegt schon die Vorstellung von der Flüchtigkeit des Glücks.)

Ryan tat sich schwer mit dem Geständnis, dass er nicht glücklich war. Er hatte alles, was er sich nur wünschen konnte, und doch war es nicht genug. Wohin führte der Weg von hier aus? Er wollte seinen Eltern die Schuld geben, weil sie ihm eine freudlose Existenz voller Klagen vorgelebt hatten, aber er war klug genug zu wissen, dass solche Schuldzuweisungen Sackgassen sind. Er musste selbst die Verantwortung übernehmen. Was ihn nicht glücklich sein ließ, hatte etwas mit seiner eigenen Lebensweise zu tun – es war etwas in *ihm*.

Buddhas Anfang

Obwohl das klare Licht der Wirklichkeit in ihrem eigenen Inneren erstrahlt, suchen es die meisten Menschen in der äußeren Welt. Wie merkwürdig und wundersam!
Padmasambhava

Nach mehreren Gesprächen mit mir war Ryan der Quelle seiner Sorgen sehr viel näher gekommen. Mit einer fast kindlichen Unschuld sah er mich an und sagte: »Verdammt, wir müssen alle sterben.«

Es stellte sich heraus, dass seine Gedanken schon eine Weile um den Tod gekreist waren, dass er dieses Thema aber immer wieder von sich geschoben hatte. Er hatte nicht mit mir darüber reden wollen, weil er sich Sorgen machte, dass er diesen Gedanken damit zu viel Glaubwürdigkeit verleihen würde. Als sie erstmals auftauchten, hatte er befürchtet, er könnte irgendwo im Hinterkopf einen Todeswunsch haben oder sogar mit Selbstmordgedanken spielen. Aber solche Gefühle waren nie seine Sache gewesen. Er konnte sich gar nicht vorstellen, seinem Leben selbst ein Ende zu machen, und war weit davon entfernt, seinen Tod herbeizuwünschen; er hoffte vielmehr, so lange wie möglich zu leben. In Wirklichkeit hatten seine Gedanken eine andere Bedeutung: Sie waren Vorahnungen seines unvermeidlichen Todes.

Im Alter von 49 Jahren hatte Ryan genug Lebenserfahrung, um zu wissen, dass sogar das Gute im Leben kommt und geht. Er hatte genug Anrufe mitten in der Nacht erhalten, die ihn mit Schreckensnachrichten über die Tragödie eines ihm nahestehenden Menschen konfrontierten. Er hatte immer wieder erlebt, wie Beziehungen endeten, Projekte zusammenbrachen, Unternehmen bankrottgingen und sogar mehrmals Kriege begonnen wurden. Er wusste, dass das Leben unvorhersehbar war und die Vorstellung, es sollte anders sein, auf reinem Wunschdenken beruhte. Er hatte diese Beobachtungen über das Leben als Wahrheit akzeptiert, aber nur als eine abstrakte Wahrheit. Bis jetzt hatte er es erfolgreich vermeiden können, sie auf sich selbst anzuwenden.

Nun fing er an, genau das zu tun. Etwas war zu ihm durchgedrungen – irgendeine Mischung aus der symbolischen Bedeutung des kommenden Geburtstags, Informationen über das, was seinen Altersgenossen geschehen war, und Momenten, in denen er sich selbst nicht so voller Energie und Kraft gefühlt hatte wie früher –, und dadurch hatte der Tod mehr Raum in seinem Denken einnehmen können. Er wusste nicht, was genau die Tür geöffnet hatte, aber ein Jahr zuvor hatte das Gefühl der Verwundbarkeit nachts um drei Uhr sein Schlafzimmer betreten und ihn gezwungen, sie als Teil seiner selbst zu erkennen.

Zu wissen, dass das eigene Leben wirklich eines Tages enden wird, macht es nicht leichter, diese Tatsache zu akzeptieren. Es ist schmerzlich, den angenehmen Dunstkreis der Ignoranz zu verlassen, in dem sich viele von uns der Illusion hingeben, dass sie selbst nicht dem Schicksal aller anderen Menschen unterworfen sind.

Eine von Ryans ersten Reaktionen auf seine neu gefundene Verwundbarkeit bestand darin, wütend darüber zu werden, dass das Leben so eingerichtet ist. »Ist Gott etwa ein Sadist?«, fragte er mich allen Ernstes.

Und es tauchten weitere Fragen auf, Fragen, die Menschen immer gestellt haben, wenn sich die Tür öffnet und sie ihre eigene Vergänglichkeit klar erkennen. Worin liegt der Sinn des Lebens, wenn wir am Ende doch sterben und alles verschwindet? Warum dann überhaupt die Mühe auf sich nehmen, ein gutes Leben zu führen? Könnte Ryan nicht einfach alle seine Verpflichtungen über Bord werfen und tun, wozu er Lust hatte? Welche Rolle spielte es, wie er lebte, wenn er doch sowieso sterben würde?

Seine Fragen und seine Ängste bezogen sich nicht nur auf ihn selbst. Während die Wahrheit in ihn einsickerte, dass alles Leben verwundbar ist, sah er seine Kinder ebenfalls mit neuen Augen. Er betrachtete auch sie nun als vergängliche Wesen, und das schockierte ihn. Als Vater hatte er vorher schon über die Veränderungen und Entwicklungsstadien seiner Kinder gestaunt – wie schnell die Jahre vergingen –, aber jetzt machte er sich mit dem Gedanken vertraut, dass auch das Leben seiner Kinder ein Ende haben würde.

Intellektuell hatte Ryan das alles natürlich schon vorher gewusst. Aber jetzt war es anders: Er spürte es. Alle seine Instinkte sagten ihm, dass er aufhören musste, so zu denken, dass er, so schnell er konnte, vor diesen entsetzlichen Gedanken wegrennen musste, aber etwas, das tiefer ging als seine Angst, riet ihm, die Gedanken auszuhalten. Es sagte ihm, dass er über etwas Bedeutsames gestolpert war. Er hatte erkannt, dass der Ursprung seiner Angstgefühle in seiner angeborenen Verwundbarkeit lag; nun suchte er nach einer Möglichkeit, mit dieser nackten Wahrheit des Lebens angemessen umzugehen.

Ryan hatte genau das entdeckt, was auch Prinz Siddhartha – den Buddha – aus seinem privilegierten, geschützten Leben herauskatapultiert und zu einer plötzlichen, klaren Erkenntnis geführt hatte, als er drei Menschen sah: einen Alten, einen Kranken und einen Toten. Bis dahin hatte Siddhartha gar nicht gewusst, dass Krankheit, Alter und Tod das unentrinnbare Schicksal der Menschheit bildeten, ein Schicksal, vor dem man ihn bisher so abgeschirmt hatte, dass er von seiner Existenz nicht einmal etwas ahnte. Er eilte zu seinem Vater und bat ihn – vergeblich – um eine Erklärung, und so ließ der Prinz sein glückliches Leben hinter sich und begab sich auf die spirituelle Suche nach einer Antwort auf ebendiese nackte Wahrheit.

Zunächst suchte er Antworten in der Religion, verzichtete auf seinen gesamten weltlichen Besitz und führte mit einer Gruppe von Wandermönchen ein asketisches Leben in den Wäldern. Er versuchte, seiner Verwundbarkeit durch die Verleugnung seiner körperlichen Bedürfnisse zu entkommen, indem er wenig aß und sich zwang, Stunde um Stunde zu meditieren. Als diese Praxis ihn auch nach Jahren der Antwort nicht nähergebracht hatte, verwarf er den Weg des Fastens und der strengen Askese. Er setzte seine Suche fort, überwand eine Reihe von Versuchungen und erlangte schließlich Erleuchtung auf dem »mittleren Weg« des Gleichgewichts und der Einsicht, der sich zur Grundlage einer der weltweit größten spirituellen Traditionen entwickeln sollte.

Die Suche nach mehr

Wir haben so wenig Vertrauen in die Gezeiten
des Lebens, der Liebe und der Beziehungen.
Wir beharren auf Beständigkeit, Dauerhaftigkeit
und Stetigkeit, wo doch Wachstum und Fließen
die einzig mögliche Stetigkeit im Leben
und in der Liebe darstellen.
Anne Morrow Lindbergh

Ryan stand erst am Beginn seines neuen Weges. Wie der Buddha hatte er sich von seiner alten Vorstellung verabschiedet, das Leben sei etwas, das sich in den grenzenlosen Horizont hinaus erstreckt. In seinem vergänglichen Körper fühlte er sich nun weniger behaglich und hatte deutlich den Eindruck eines zeitlich begrenzten Mietvertrags. Das Leben hatte ihn eingeholt – eine Tür hatte sich geschlossen –, und er spürte seine Grenzen mit neuer Dringlichkeit.

Ich verstehe Veränderungen wie diese inzwischen als Entdeckung eines »negativen Wissens«. Obwohl sich unser Wissen über die Wirklichkeit erweitert hat, bleiben wir im Ergebnis doch mit weniger zurück. Die Entdeckung nimmt uns etwas weg, ohne den leeren Platz durch Neues auszufüllen, und bringt dadurch die Suche nach Ersatz in Bewegung – etwas Neues soll die Lücke füllen.

Was war Ryan genommen worden? Ich sah, dass die Konfrontation mit seiner Verwundbarkeit das Vertrauen in seine Religion erschüttert hatte. Nicht an das Christentum oder Judentum, an Buddhismus, Islam, Hinduismus, Taoismus oder irgendeine andere traditionelle Religion hatte er geglaubt, sondern an den Materialismus, an den aggressiven Erwerb von materiellen Objekten und weltlichen Verdiensten. Ryan hatte sich nicht nur aus praktischen Erwägungen materiellen Interessen gewidmet, wie wir es alle müssen – ein Kompromiss, auf den wir uns einlassen, um Geld für Nahrung, Obdach und andere Notwendigkeiten zu bekommen. Er hatte sein Leben um diesen Materialismus herum gestaltet, hatte ihn gläubig als Weg zum Glück betrachtet und gehofft, er könne dessen Werte an seine Kinder weitergeben.

Ich stelle den Materialismus auf eine Stufe mit den Weltreligionen, weil er wie eine Religion auftritt. Er hat seine Lehren und seine Anhänger wie jede etablierte Glaubensgemeinschaft. Die Religion des Materialismus ist der inbrünstige Glaube an die Welt der Objekte, die Welt, die wir mit unseren eigenen Augen sehen können, und die genauso inbrünstige Sehnsucht, so viel wie möglich von dieser Welt zu erleben – ihre Objekte zu genießen und zu besitzen. Der Materialismus hat auch seine Priester, die uns überzeugen, dass wir diese Objekte brauchen, und Orte der Anbetung, wo wir sie kaufen können.

In dieser Welt der Objekte betrachtet ein gläubiger Materialist sich selbst ebenfalls als Objekt. Er vergleicht sich objektiv mit anderen, und seine Maßstäbe sind dabei die Zahlen auf ihren Bankkonten, die Autos und Häuser, die ihnen gehören, ihr Status am Arbeitsplatz oder in der Gemeinde, und ein Teil seines Leidens rührt von dem

Wissen her, dass sie mehr haben als er. Vielleicht behandelt er sogar seinen eigenen Körper als Objekt und unterwirft ihn extremen Fitnessübungen oder chirurgischen Eingriffen, damit er besser aussieht als die Körper der anderen. Gefangen in den Äußerlichkeiten der sichtbaren Welt, ist er gleichermaßen gefangen in seinem eigenen Erscheinungsbild und in seinen Vorstellungen davon, wie andere ihn sehen.

Dann kommt der Tag, an dem es dem Materialisten dämmert, dass die Dinge, auf die er sich verlassen hat, weil er glaubte, sie würden ihn glücklich machen, solche Glücksgefühle gar nicht erzeugen können. Um dieses gefährliche Wissen abzuwehren, verlässt er sich anfangs noch stärker auf seinen materiellen Besitz. Das ist das stereotype Bild des Menschen in der »Midlife-Krise«, der in unserer Kultur zu einer jämmerlichen Witzfigur verkommen ist: ein Mann in mittleren Jahren, der seine Angst vor dem Alter und der Vergänglichkeit ausagiert, indem er sehr viel jüngere Frauen ausführt, ein schrilles Auto fährt oder versucht, sich als der Sportler zu geben, der er niemals war. Solche Verhaltensweisen mögen zwar komisch wirken, aber wir sollten uns davon nicht täuschen lassen: Was dahintersteckt, ist das tiefe Bewusstsein der eigenen Verwundbarkeit.

Hier war Ryan angekommen, ein Mann, der im Wohlstand lebte und materiellen Erfolg hatte, aber von Traurigkeit und Angst erfüllt war. Die menschliche Grundverfassung hatte sich ihm offenbart, und nun brauchte er etwas Neues, etwas anderes, von und mit dem er leben konnte.

Die Suche nach Antworten

Was auch immer die Seele befriedigt, ist wahr.
Walt Whitman: *Grashalme*

Ryan wurde von seiner Krise überfallen, während er mitten in der Nacht in seinem eigenen Bett lag. Barbara wurde von ihr an einem noch unwahrscheinlicheren Ort überrascht – während sie friedlich in der Kirche saß.

Der Pfarrer hielt eine Predigt von der Art, wie Barbara sie früher häufig und gerne gehört hatte, aber diesmal ließen seine Worte sie schaudern. Sie ertappte sich mehrmals dabei, wie sie zusammenzuckte, und hoffte, dass niemand es bemerken würde. Ungeduldig und ruhelos hörte sie weiter zu und war erleichtert, als er schließlich zum Ende kam. Sie schaute sich in der wunderschönen Kirche um, die so sehr zu ihrem Leben gehörte. Und dann kam die Krise: Mit einem stillen Gedanken von absoluter Gewissheit wurde ihr klar, dass sie an all das nicht mehr glaubte.

Warum passierte ihr das? Und warum gerade jetzt? Kürzlich hatte sie ihre lange Laufbahn als Schulbibliothekarin beendet und freute sich nun auf ein Leben im Ruhestand mit angenehmen Ablenkungen. Sie war glücklich verheiratet, hatte zwei erwachsene Kinder und ein Enkelkind, das sie über alles liebte. Ihre Zukunft lag vor ihr als eine lange Folge von Familientreffen, Reisen zu interessanten Orten und einem Alltag, der frei von allen Terminzwängen war.

Aber bisher war nichts davon so eingetreten, wie sie es sich vorgestellt hatte. Stattdessen war während der letzten sechs Monate die geliebte Schwester ihres Mannes krank geworden und gestorben; dann war Barbaras Mutter gestürzt und hatte sich die Hüfte gebrochen. Man hatte sie operiert und ihr ein künstliches Hüftgelenk eingesetzt, sie anschließend zur Rehabilitation in ein Pflegeheim überwiesen, und dort war sie gestorben.

In der Nacht, bevor ihre Mutter operiert wurde, hatte Barbara im Bett gelegen und war zum ersten Mal in ihrem Leben von heftigen Ängsten überfallen worden. Schon als Teenager war sie ein Mensch gewesen, der sich ständig Sorgen machte, aber nie hatte sie ein so entsetzliches, überwältigendes Grauen erlebt wie in dieser Nacht. Sie kroch unter die Bettdecke und blieb dort, bis die Angst nachließ. Weitere Symptome folgten. Barbara bekam stechende Schmerzen im Nacken und Rücken, und sie war ständig auf der Hut vor irgendwelchen Gefühlen, die eine weitere Angstattacke hätten ankündigen können. In nur einem halben Jahr war ihr das Leben, das sie gekannt und für die Zukunft erwartet hatte, geraubt worden.

Bevor sie an ihrer Angststörung erkrankte, war Barbara eine tiefgläubige Katholikin gewesen. Sie war nicht nur regelmäßig zur Kirche gegangen, sondern hatte bei der Eucharistiefeier auch die Hostien ausgegeben. Aber während sie nun versuchte, mit ihren Schmerzen und dem Grauen vor einer weiteren Attacke zurechtzukommen, hatte sie nicht mehr das Gefühl, dass ihr Glaube ihr helfen könnte. Für sie war das ein sehr schmerzlicher Verlust und ein tiefer Einschnitt: Sie fühlte sich persönlich von Gott im Stich gelassen.

Monatelang hatte sie versucht, ihrer Angst und Trauer dadurch zu begegnen, dass sie sich noch stärker in den Glauben vertiefte. Sie ging täglich zur Messe, betete häufig und schloss sich sogar einer Gebetsgruppe von extrem strenggläubigen Katholiken an, die alle ihre Hoffnungen auf den gütigen Schutz Gottes setzten. Die intensive Frömmigkeit der Gruppe störte Barbara, doch sie tolerierte sie, weil die Leute darauf beharrten, Jesus würde sie heilen. Als ihr Leiden jedoch nicht nachließ, sprach sie schließlich mit ihrem Arzt, der sie zu allen erdenklichen Untersuchungen schickte, um die Ursache ihrer Schmerzen herauszufinden. Als am Ende sämtliche Tests negativ waren, was hieß, dass man keine körperliche Ursache finden konnte, rief sie mich an, weil sie die Meditation erlernen wollte.

Ein sensibler Mensch

Ein gebrochenes Herz ist ein Schatz,
denn in seinem Innern liegt Barmherzigkeit.
Wenn man die Rinde entfernt hat,
ist der Kern sehr weich.
Rumi

Ich mochte Barbara sofort. Sie war warmherzig und aufgeschlossen, schaute mir in die Augen, und wie Ryan versuchte sie, humorvoll mit dem »Verrücktwerden« umzugehen. Aber der Stress, den sie dabei empfand, in meiner Praxis zu sitzen und ihre Geschichte einem Fremden zu erzählen, war deutlich spürbar.

Nach kurzer Zeit zeigte ich ihr eine Meditationstechnik aus dem chinesischen Qi Gong – das meine Frau und ich jahrelang studiert hatten –, um ihr etwas Erleichterung zu verschaffen. Ich wies sie an, eine Hand auf den Bauch zu legen, die andere darüber, und bewusst wahrzunehmen, wie sich ihr Bauch mit jedem Atemzug hob und senkte. Nach nur drei Minuten fühlte sie sich deutlich entspannter, sagte mir aber auch, das Loslassen falle ihr schwer. Sie machte sich Sorgen, dass Entspannung vielleicht keine so gute Idee für sie sein könnte.

Während wir noch darüber sprachen, wurde Barbara klar, dass ein Teil von ihr Angst vor der Entspannung hatte, denn wenn sie sich entspannte, würde sie nicht mehr so wachsam auf Vorboten für die nächste Angstattacke achten können. Ich fragte sie, ob sie vor Beginn der Attacken auch schon so wachsam gewesen sei, und zunächst schüttelte sie den Kopf. Aber nach einiger Überlegung gab sie zu, dass sie immer schon zu der Befürchtung geneigt habe, ihr selbst oder Menschen, die ihr wichtig waren, könnte irgendetwas Schlimmes passieren. Sie war ihr Leben lang »auf Gefahr eingestellt« gewesen.

Jetzt erkannte ich in Barbara einen der sensiblen Menschen, die eine besonders feine Antenne für die dem Leben innewohnenden unvermeidlichen Veränderungen und Verluste haben. Ich vermutete, dass sie wahrscheinlich nie mit irgendjemandem über ihre Sensibilität gesprochen hatte, weil sie annahm, alle anderen Leute würden mit ihrem Leben gut zurechtkommen. Verblüfft bestätigte sie meine Vermutung. Und dann verblüffte ich sie noch mehr, indem ich ihr sagte, ihre lebenslange Empfindlichkeit gegenüber Verlusten sei eine korrekte und realistische Einschätzung des Lebens.

Ich erklärte ihr, ihre Sensibilität habe ihr zur Mitgliedschaft in einem globalen Club verholfen (dem auch ich angehöre), einer Gruppe von Menschen, welche die bedrohlichen Aspekte der Wirklichkeit weder ignorieren noch verleugnen können und empfindlicher als die meisten anderen auf das Vergehen der Zeit und den unerbittlichen Prozess der Veränderung reagieren. Barbaras Gesicht hellte sich auf, denn sie verstand, was ich meinte. Sie erwiderte: »Eben deshalb habe ich mein Leben lang nach einem Ausweg gesucht.«

Den schützenden Käfig verlassen

Ich möchte Sie, so gut ich es kann, bitten,
Geduld zu haben gegen alles Ungelöste in Ihrem Herzen
und zu versuchen, die Fragen selbst lieb zu haben.
Rainer Maria Rilke: *Briefe an einen jungen Dichter*

Barbaras Suche hatte sie schon früh zu einer tiefen Hingabe an ihre Religion geführt, und diese Hingabe hatte ihr gesamtes Leben als Erwachsene überdauert. Sie hatte ihren Glauben auf die Vorstellung gegründet, dass Gott allmächtig war und sie schützte, für sie sorgte und über sie wachte – eine Vorstellung, die viele Gläubige teilen. Wenn etwas Gutes geschieht, dann geschieht es aus dieser Sicht, weil Gott es so gewollt hat. Wenn etwas Schlechtes geschieht, hat Gott das ebenfalls gewollt, und Gott lässt die Menschen schlechte Erfahrungen machen, damit sie lernen: Sogar in schlimmen Zeiten schützt dich Gott. Nichts geschieht ohne Gottes Zutun. Veränderungen, Verlust und Tod gibt es immer wieder – aber sie alle geschehen innerhalb der Welt Gottes, sodass es letztlich nichts zu fürchten gibt. Das ist eine überaus attraktive Sichtweise, die das Herz und das Bewusstsein von Millionen und Abermillionen Menschen in ihren Bann schlägt.

Aber diese Sichtweise hat nur so lange Bestand, wie man an diesen gütigen Gott glauben kann, und manche Realitäten sind geeignet, unseren Glauben zu untergraben. Ich habe vier Jahre lang auf der onkologischen Station einer größeren Klinik gearbeitet – auch in dem Teil, wo krebskranke Kinder gepflegt wurden – und bin dort in vielen Zimmern ein und aus gegangen, wo Menschen intensiv gelitten haben, ohne dass ich einen himmlischen Schutz am Werk gesehen hätte. In einem Fall verlor ein prominenter Seelsorger seinen Glauben, als er über seine Krankheit in Verzweiflung geriet, und ich habe erlebt, wie Mitglieder seiner Gemeinde nach ihrem Besuch bei ihm das Krankenzimmer erschüttert verließen, weil er so verbittert war und sich von Gott so sehr im Stich gelassen fühlte. Über solche Einzelschicksale hinaus hat das Christentum insgesamt nach dem Zweiten Weltkrieg in Europa einen dramatischen Niedergang erlebt, als der Tod von über 40 Millionen Menschen den Glauben an einen schützenden Gott auf entsetzliche Weise infrage stellte.

Barbaras Glaube hielt bis zu jenem stillen Moment in der Kirche, als ihr vollkommen klar wurde, dass sie nicht mehr glaubte, die schützende Macht Gottes würde sie vor Leid bewahren. Bis zu diesem Moment hatte sich Barbara geweigert, irgendwelche Zweifel an ihrer Religion zuzulassen. Jetzt gab sie Gedanken Raum, die ihren gesamten Glauben zerstörten. Früher hatte sie sich glücklich der Überzeugung hingegeben, dass ihre Religion auf ewigen Wahrheiten beruhte; jetzt nahm sie Abschied davon und akzeptierte die Tatsache, dass letztlich auch ihre Religion eine Erfindung von Menschen war und dass jene »ewigen« Wahrheiten im Laufe der Geschichte immer wieder angepasst und verändert worden waren.

Jenseits des Glaubens

Sich wie ein Schilfrohr im Wind zu biegen –
das ist wahre Stärke.
Laotse

Die Veränderung in ihrem Denken erschien Barbara unheilvoll. Aber als sie schließlich den Mut fand, mit jemandem – ihrem Mann David – über ihre Gedanken zu sprechen, schaute er sie mit etwas irritierter Neugier an. David, von Natur aus ein Skeptiker, hatte sich jahrelang nur deshalb mit der Frömmigkeit seiner Frau abgefunden, weil er den Eindruck hatte, ihr Glaube sei ihr sehr wichtig. Er hatte sich an hohen religiösen Feiertagen in die Kirche schleppen lassen, das Gotteshaus ansonsten aber gemieden wie der Teufel das Weihwasser. Deshalb war er froh, von Barbaras Zweifeln zu hören, und ermutigte sie, weitere Fragen zu stellen.

Tief in seinem Inneren hatte David das Gefühl, Barbaras Religion hätte sie in Fantasien eingelullt. Deshalb gefiel ihm der Gedanke, dass sie ihre Zeit in Zukunft nicht mehr auf Antworten verschwenden würde, die sie am Ende zwangsläufig enttäuschen mussten. Leider hatte er aber keine Ahnung, welche neuen Antworten die bisherigen ersetzen könnten. Als Skeptiker war er sehr geschickt darin, Ideen genau zu prüfen und abzulehnen. Er wusste nicht, woran er glaubte, aber er wusste ganz genau, woran er nicht glaubte und was er nicht akzeptieren konnte. Vielleicht glaubte er an überhaupt nichts.

Aber Skeptiker wie David haben in Wirklichkeit einen sehr starken Glauben: Ihre Religion ist ihr eigener Verstand. Ein Skeptiker setzt sein gesamtes Vertrauen in sein eigenes Denken und bezieht daraus seine Ansichten über das Leben. Er weiß dann, dass dies die Wahrheit ist, denn sie hat den Test seiner eigenen Zweifel und Fragen bestanden. Er vertraut darauf, dass sein Denken rational und objektiv ist, nicht wie das nebulöse Denken, mit dem andere sich selbst in die Irre führen. Natürlich täuscht er sich oft selbst, denn seine eigenen Werte und emotionalen Bedürfnisse beeinflussen zwangsläufig sein Denken. Er will nur die Wahrheit, und das ist bewundernswert; aber das Problem besteht darin, dass seine eigene Version der Wahrheit auf das begrenzt ist, was sein Verstand erfassen kann. Und seine Wahrheit ist nicht mehr davor gefeit, unter dem Gewicht des wirklichen Lebens zusammenzubrechen, als irgendein anderes Glaubenssystem, sei es der Glaube an materielle Dinge oder das Vertrauen auf einen gütigen Gott.

Die Grenzen der Vernunft

Wir tauchen unsere Finger in das Meer,
das uns unverwundbar machen würde,
wären wir nur bereit, hineinzuspringen
und zu schwimmen.
Ralph Waldo Emerson: *Tagebücher*

Miriam war eine Frau von 76 Jahren, die nach dem Tod ihres Mannes vor vier Jahren angefangen hatte, stark zu trinken. Bis dahin hatte sie nur in Gesellschaft Alkohol getrunken, aber in ihrem veränderten Leben als Witwe fühlte sie sich einsam und verwundbar, und so wurde der Alkohol für sie zum Trost und zur Medizin. Nachdem sie an einem Abend schon zwei Flaschen Wein getrunken hatte, versuchte sie eine dritte zu öffnen, ließ sie jedoch fallen, und die Flasche zerbrach auf dem Küchenboden. Am nächsten Morgen fühlte sie sich verkatert, und ihr war übel. Ohne eine Erinnerung an die Flasche, die am Abend zuvor zerbrochen war, wankte sie in die Küche und trat auf eine große Glasscherbe. Am Nachmittag desselben Tages meldete sie sich in ihrem örtlichen Krankenhaus für das Alkohol- und Drogen-Rehabilitationsprogramm an und kam zunächst auf die Entzugsstation, wo sie meine Frau kennenlernte.

Bonney, die dort als psychotherapeutische Betreuerin arbeitete, führte gleich zu Beginn ihres Aufenthalts ein Gespräch mit Miriam, um die weitere Behandlung nach dem Entzug zu planen. Miriam war dünn und nervös mit blasser Haut und dunklen Ringen unter den Augen; sie wirkte abgeschlagen und gedemütigt, aber ihre Gedanken waren scharfsinnig und voller Bitterkeit. Als Bonney sie fragte, ob sie schon andere Versuche unternommen hätte, mit dem Trinken aufzuhören, berichtete sie, sie sei einmal bei den Anonymen Alkoholikern gewesen, doch deren Gerede von Gott habe sie abgestoßen. Ihr Vater und ihr Bruder waren während des Zweiten Weltkriegs in einem Konzentrationslager umgekommen; nachdem er das zugelassen hatte, so sagte sie, sei Gott für sie gestorben.

Miriam beschrieb ihr Leben als Witwe in Bildern, die von einer massiven sozialen Isolation zeugten. Weil Bonney einen möglichst vollständigen Eindruck gewinnen wollte, fragte sie nach eventuellen Kontakten zur örtlichen Synagoge. Miriam schaute Bonney an, als hätte sie den Verstand verloren. Hatte sie nicht gerade gesagt, Gott sei für sie gestorben? »Das ist bloß ein sozialer Club«, spottete sie. »Ich wette, diese Leute glauben sowieso an nichts. Wie sollten sie auch?«

Nach fünf Tagen auf der Entzugsstation wurde Miriam »trocken« nach Hause entlassen – sie hatte seit ihrer Aufnahme im Krankenhaus keinen Tropfen Alkohol mehr getrunken. Als sie am nächsten Morgen zu ihrer ersten ambulanten Sitzung bei Bonney erschien, sah sie schon ein wenig besser aus: In ihr Gesicht war wieder etwas Farbe zurückgekehrt, und in der Nacht hatte sie gut geschlafen. Aber Bonney wusste, dass Miriam noch einige Probleme mit ihren beiden Zwangsneurosen haben würde – dem körperlichen Verlangen nach Alkohol und dem emotionalen Bedürfnis, diesen alten Gefährten wieder an ihrer Seite zu haben.

Weil sie möglichst viel darüber erfahren wollte, woraus Miriam Kraft für ihre Erholung schöpfen konnte, fragte Bonney noch einmal, ob sie irgendwelche spirituellen Praktiken oder Perspektiven kenne. Sie nahm an, die entsetzliche Erfahrung des Holocaust habe Miriam gezwungen, irgendwo nach Trost und Sinn zu suchen. Aber Miriam schreckte vor Bonneys Frage zurück und antwortete zornig: »Wenn Sie so naiv sind, mit mir über die Synagoge und Spiritualität zu reden, dann glaube ich nicht, dass Sie mir helfen können.«

In Wirklichkeit hatte Miriam sehr wohl einen Sinn gefunden – nicht in einem Glauben, sondern im Rückzug auf ihren eigenen Unglauben. Sie hatte sich immer darauf verlassen, dass ihr Verstand sie vor der Wahrheit der menschlichen Verwundbarkeit schützen würde, der sie auf so verheerende Weise ausgesetzt gewesen war. Aber jetzt konnten ihre Gedanken ihr keinen Ausweg mehr zeigen, weil der Druck durch all das, was sie in ihrem Leben verloren hatte, zu groß geworden war.

Später gestand sie Bonney, dass sie es als demütigend empfand, ihre Probleme auf diese Weise einer Fremden zu offenbaren – zuzugeben, dass ihr Verstand sie im Stich gelassen hatte –, und dass sie an diesem Punkt wirklich keinen Sinn mehr in ihrem Leben erkennen konnte.

Wohin wenden Sie sich, wenn Ihr wichtigster Abwehrmechanismus nicht mehr funktioniert und die Antworten, die er Ihnen gegeben hat, nichts mehr wert sind? Aus meiner Sicht wenden Sie sich der Frage zu, die Sie ursprünglich bewogen hat, nach Antworten zu suchen. Gemeinsam mit Ryan, Barbara, Miriam und vielen anderen, die noch folgen werden, wollen wir jetzt damit beginnen, uns unseren Ängsten zu nähern, sie zu akzeptieren und schließlich zu verwandeln.

Teil II
Die Angst verwandeln

Von der Vermeidung zur Entscheidung

Ich will mich entfalten.
Nirgends will ich gebogen bleiben,
denn dort bin ich gelogen, wo ich gebogen bin.
Rainer Maria Rilke: *Stundenbuch*

Bis wir erkennen, dass unsere Ängste ihren Ursprung in unserer bewussten Wahrnehmung unvermeidlicher Veränderungen und Verluste haben, geben wir äußeren Ursachen die Schuld an ihnen und sind überzeugt, dass andere Menschen, Orte und Dinge uns das Gefühl vermitteln, verwundbar und bedroht zu sein. Warum wir das tun, ist vollkommen klar: Wir könnten nicht funktionieren, wenn wir die wirkliche, innere Ursache zu gut verstünden. Ihre Ausweglosigkeit würde uns entweder in eine tiefe Depression stürzen, oder wir wären zu sehr damit beschäftigt, unsere Umgebung ständig nervös nach Anzeichen einer drohenden Gefahr abzusuchen. Im vollen Bewusstsein unserer tatsächlichen menschlichen Grundverfassung zu leben würde uns zu »handlungsunfähigen Krüppeln« machen, wie Ernest Becker es in seinem Pulitzer-Preis-gekrönten Buch *Dynamik des Todes* formuliert hat. »Das Individuum muss sich vor den Schrecken der Welt und seinen eigenen Ängsten schützen«, schrieb Becker. »Die Essenz der Normalität besteht in der Ablehnung der Realität.«

Becker schrieb dies, als er kurz vor seinem Krebstod nach Antworten auf seine eigenen Ängste suchte. Die tödliche Erkrankung machte es ihm unmöglich, seine eigene »Ablehnung der Realität« fortzusetzen. Seine Verwundbarkeit brach über ihn herein und zerstörte seine eigenen Mechanismen der Verleugnung. Sein mutiges Buch ist das Testament eines hochintelligenten Verstandes, der ununterbrochen arbeitet, um seiner eigenen Vergänglichkeit einen Sinn abzugewinnen.

Bis wir selbst mit einer Krise wie der von Becker konfrontiert werden – oder mit einer anderen Situation, in der die Wirklichkeit über uns hereinbricht –, verdrängen wir instinktiv unsere verwundbare menschliche Grundverfassung aus unserem Bewusstsein, damit wir mit dem Gefühl leben können, dass wir dauerhaft, stabil und keine »handlungsunfähigen Krüppel« sind. Doch es kostet uns einen hohen Preis, die Wahrheit vor uns selbst zu verbergen. In diesem Kapitel wollen wir uns ansehen, auf welche Art und Weise wir unsere Verwundbarkeit leugnen und welchen Schaden uns diese Verleugnung zufügen kann. Aber wir werden auch sehen, wie wir sie verwandeln können, wenn wir beschließen, sie nicht länger zu leugnen.

Die heimliche Hoffnung in Beziehungen

Fremdling, der du vorbeigehst!
Du weißt nicht, wie sehnsüchtig ich dir nachblicke,
Du musst der sein, den ich suchte,
oder die, die ich suchte …
Ich habe sicherlich irgendwo
ein Leben der Freude mit dir gelebt.
Walt Whitman: *Grashalme*

Joe war gerade erschöpft von der Arbeit nach Hause gekommen und hatte sich auf der Couch niedergelassen, um die Lokalnachrichten im Fernsehen anzuschauen. Als er hereinkam, hatte er seiner Frau Jean zur Begrüßung ein Hallo zugerufen, denn er vermutete sie irgendwo in der Wohnung, aber er hatte keine Antwort gehört. Doch ausgerechnet jetzt, als er gerade den Fernseher eingeschaltet hatte, kam sie mit einem mürrischen Gesichtsausdruck aus dem Schlafzimmer.

»Was ist los?«, fragte Joe kurz angebunden, den Blick halb auf Jean und halb auf den gerade aufflackernden Bildschirm gerichtet.

Jean fühlte sich verletzt, weil Joe so genervt klang, aber sie unterdrückte dieses Gefühl, so gut es ging, und sagte nur: »Schon gut.«

Ihre Antwort ärgerte Joe, erstens weil Jean ihm in die Quere kam, als er sich gerade entspannen wollte, und zweitens weil sie ihm nicht einmal sagte, warum sie ihn störte. Mit scharfer Stimme fragte er noch einmal: »Was ist denn?!«

Was ist los? Schon gut. Was ist denn?! Das war für Jean und Joe ein typischer Gesprächsverlauf, einer von vielen enttäuschenden, verletzenden und zornigen Versuchen der Kommunikation. Wie die meisten Ehen in Amerika steuerte auch diese auf die Scheidung zu, obgleich Jean und Joe das Wort noch nicht ausgesprochen hatten. Nachdem es in ihrer Ehe endgültig keine gegenseitige Zuneigung mehr gab und sie beide immer häufiger an eine Trennung dachten, konsultierten sie mich schließlich für eine kurze Paarberatung. Ich hörte die Geschichte von *Was ist los? Schon gut. Was ist denn?!* von ihnen als typischen Bericht über den frustrierenden Alltag so vieler unglücklicher, vernachlässigter Partner, die mir in meiner beruflichen Praxis begegnet waren.

Meine wenigen erfolglosen Beratungsgespräche mit Jean und Joe waren Versuche, eine Beziehung wiederzubeleben, die es längst nicht mehr gab. Was war gestorben? Die Fähigkeit, den Partner oder die Partnerin ernst zu nehmen oder sich auch nur für dessen oder deren verletzte Gefühle zu interessieren.

Joe hatte schon vor langer Zeit die Hoffnung aufgegeben, dass Jean ihm helfen könnte, mit seinen beruflichen Ängsten zurechtzukommen. Seine Probleme schienen ihr einfach gleichgültig zu sein. Sie gähnte, wenn er davon sprach, wechselte das Thema oder dachte laut darüber nach, ob sie zum Essen nicht lieber ausgehen sollten, statt selbst zu kochen. Er versuchte ihr zum wiederholten Mal zu erklären, welche heimlichen Motive hinter den Bemerkungen oder Handlungen seines Chefs steckten, aber Jean schien einfach nicht zu begreifen, wie wichtig das für ihn war.

Joe stand vor einem Rätsel: Wie konnte sie so gleichgültig sein oder nicht einmal den Versuch machen, ihn zu verstehen? Er verdiente mehr Geld als sie, und von seinem

Job hing ihre gemeinsame wirtschaftliche Zukunft ab. Glaubte sie etwa, seine Arbeit würde ihm besonderen Spaß machen? Glaubte sie etwa, dass er wirklich Lust hatte, so viel darüber nachzudenken und zu reden? Nachdem er in seiner Jugend Probleme gehabt hatte, sich für einen Beruf zu entscheiden, war er vor Jahren bei dieser Art von Verwaltungsarbeit gelandet, obwohl er sich eigentlich nicht dafür eignete. Aber jetzt war ihm ausgerechnet dieser Job ungeheuer wichtig geworden, weil es Joe davor graute, sich um einen neuen Arbeitsplatz bewerben zu müssen, eine Situation, in der er sich so vorkam, als würde er um eine Chance betteln und könne doch nur mit einer Absage rechnen. Noch immer verfolgte ihn die Erinnerung an die bedrückende Situation während seiner letzten Jobsuche, bevor er seine derzeitige Stellung gefunden hatte.

Er hatte Jean alle seine Zweifel und Ängste ausführlich erklärt, und deshalb reagierte er besonders empfindlich darauf, wenn sie solche Gespräche abwürgte und ihm sagte, er solle einfach kündigen und sich nach einem neuen Job umsehen. Für Joe war das nur ein weiterer Beweis, wie gleichgültig sie seinen Ängsten und seiner Verwundbarkeit gegenüberstand.

Jean dagegen empfand mittlerweile nur noch tödliche Langeweile, wenn Joe zwanghaft jedes Wort und Motiv seines Chefs analysierte. Wenn sie auf die Zwischentöne in Joes Darstellungen hörte, dann schien ihr dieser Chef weder besser noch schlechter zu sein als ihre eigenen früheren Vorgesetzten oder andere, von denen Freunde gelegentlich erzählten. Sie war enttäuscht, dass Joe es nicht schaffte, seine Unsicherheit zu überwinden, und endlos darauf fixiert blieb, dass alles, was sein Chef ihm gegenüber sagte oder tat, bedrohlich und unheilvoll war. Nach Jeans Ansicht war dieser Chef entweder ein geschickter Sadist oder, was sie für wahrscheinlicher hielt, die Projektionsfläche für irgendeine furchterregende Autoritätsperson aus Joes Kindheit. Auf alle Fälle hatte sie den Respekt vor Joe verloren, weil er immer nur klagte und sich Sorgen machte, und sie ärgerte sich darüber, dass seine Ängste *sie* zu einer ängstlicheren Person gemacht hatten, als sie früher gewesen war.

Außerdem ließ ihr seine zwanghafte Besorgnis kaum noch Luft zum Atmen, und ihr blieb nur wenig Raum, um über ihre eigene Verwundbarkeit zu sprechen. Als sie an jenem Abend mit einem mürrischen Gesichtsausdruck aus dem Schlafzimmer gekommen war, hatte sie gerade schlechte Nachrichten von einer Freundin gehört, die an Brustkrebs erkrankt war. Sie hatte das Bedürfnis gehabt, darüber zu reden, aber dass Joe den Fernseher einschaltete, war ein Signal gewesen, dass er nicht daran interessiert war, ihr zuzuhören. Der Brustkrebs ihrer Freundin hatte natürlich ihre eigenen tiefen Ängste an die Oberfläche gebracht, aber alles, was sie von ihrem angeblichen Partner, Geliebten und Freund zu hören bekommen hatte, war: »Was ist los?«

Es ist verständlich und in gewissem Sinne rührend, dass wir uns nach einem Menschen in unserem Leben sehnen, der uns helfen kann, mit unseren Ängsten, Unsicherheiten und schmerzlichen Gefühlen umzugehen. Beziehungen, vor allem Liebesbeziehungen, stehen unter dem stillschweigenden, aber intensiven Druck, uns in schwierigen Zeiten der Verwundbarkeit zu entlasten. Es sind diese Beziehungen, in denen wir unsere Abwehrmechanismen lockern, uns zu unseren geheimen Hoffnungen und tiefsten Ängsten bekennen und die allen Menschen gemeinsame Zuversicht hegen, dass wir von jemandem bedingungslos unterstützt werden und echte Freundschaft finden. Da uns gewöhnlich nicht klar ist, dass der Ursprung unserer Verwundbarkeit in unserer eigenen Natur, der menschlichen Grundverfassung als solcher, liegt, richten wir den Blick nach außen auf unsere Partner und warten sehnsüchtig auf Zeichen, dass sie wissen, wie sie uns zu dieser lebenswichtigen Sicherheit verhelfen können. Aber wie kann das funktionieren, wenn Sie von mir das erhoffen, was ich von Ihnen erhoffe?

»*Ich bin einfach nicht glücklich*«, sagen Menschen, die noch nicht erkannt haben, was es ist, das aus ihrem Innersten heraus ihre Sehnsucht motiviert und ihr Gefühl, unglücklich zu sein, verstärkt. Ohne diese Selbsterkenntnis bleibt es unser Schicksal, die Lösung für unsere Verwundbarkeit bei anderen Menschen, an anderen Orten und bei äußeren Objekten zu suchen, sei es in Träumen von neuen Beziehungen, in der Illusion eines sorgenfreien Lebens oder im Wahn, eines Tages alles zu besitzen, was wir uns je gewünscht haben.

Die Brücke überqueren

Vielleicht ist alles Schreckliche im tiefsten Grunde das Hilflose, das von uns Hilfe will.
Rainer Maria Rilke: *Briefe an einen jungen Dichter*

Das muss nicht passieren. Kein Paar muss so werden wie Jean und Joe. Unsere Verwundbarkeit muss uns nicht voneinander trennen, denn in Wirklichkeit ist sie die Brücke, die uns verbindet. Jedes Paar, auch wenn sich beide in ihrem Temperament extrem unterscheiden, kann diese Brücke finden.

Ich erinnere mich an ein Paar, für das die Brücke anfangs hoffnungslos blockiert schien. Wenn Ängste oder Spannungen auftraten, die das Leben zwangsläufig mit sich bringt, dann ignorierte Frank seine Gefühle und klammerte sich an seinen Verstand, um die Antwort mithilfe der Logik zu finden, während seine Frau Rita sich so aufregte, dass sie vorübergehend nicht mehr klar denken konnte. Als der Schuldirektor ihrer Tochter ihnen telefonisch mitteilte, das Mädchen sei erwischt worden, wie es auf der Toilette Marihuana rauchte, begann Frank laut darüber nachzudenken, ob er einen befreundeten Anwalt um Rat bitten sollte, während Rita schluchzte und dabei so aussah, als müsse sie sich gleich übergeben.

In dieser Krisenzeit fand Frank, wie schon so oft während ihrer Ehe, dass seine Frau ihm mit ihrer Überreaktion keinerlei Hilfe war, während Rita ihren Mann für einen Eisblock ohne jegliches Gefühl hielt. Sie hatten sich beide insgeheim schon oft gefragt, wie sie an einen Menschen geraten waren, der so anders war als sie selbst.

Ihre Tochter wurde für zwei Tage vom Unterricht ausgeschlossen, und auch wenn der Direktor nicht mit rechtlichen Folgen drohte, bestand er doch auf einer psychologischen Beratung. Da sie wussten, dass ich Erfahrung mit der Betreuung von Suchtkranken hatte, suchten Rita und Frank mich auf, um mit mir über die Probleme ihrer Tochter zu sprechen. Während sie mir vom ersten Anruf des Direktors erzählten, kamen Rita die Tränen, und Frank fuhr sie an: »Das darf doch nicht wahr sein! Jetzt fängst du an, auch noch hier vor diesem Mann zu heulen?!«

Rita schaute mir in die Augen und verkündete resigniert: »Er ist absolut gefühllos.«

Als ich zu Frank blickte, der sich auf seinem Stuhl wand und auf die Tür starrte, als wolle er aus meiner Praxis flüchten, sah ich einen Mann, der unverkennbar mit seinen Gefühlen kämpfte. Ich vergaß zwar nicht, dass sie gekommen waren, weil sie Rat suchten, wie sie mit den Drogenproblemen ihrer Tochter umgehen sollten, aber ich sah in diesem Moment eine Chance, die Kluft zwischen ihnen zu überbrücken, zumindest so weit, dass sie sich gemeinsam um die schwierige Situation ihrer Tochter kümmern konnten.

Ohne Frank anzuschauen, sagte ich zu Rita: »Auf mich wirkt er ziemlich aufgeregt.«

Damit ging ich gleich ein doppeltes Risiko ein. Zwischen Frank und mir gab es noch kein Vertrauensverhältnis, und er würde meine Bemerkung vielleicht als zudringlich empfinden, während Rita zu Recht den Eindruck gewinnen konnte, dass ich ihrer Meinung widersprach. Ich entschied mich trotzdem für diesen Vorstoß, denn der Raum war mit Emotionen geladen, und ich wollte herausfinden, was diese Emotionen zu bedeuten hatten.

Frank stimmte mir halbwegs zu: »Bei einer solchen Geschichte ist jeder aufgeregt. Aber es geht doch um die Frage, was man dagegen tun kann.«

Nun benutzte ich eine Standardtechnik, die ich schon während meines Studiums gelernt hatte und die in Beratungsgesprächen immer funktioniert:

»Bitte erklären Sie mir das genauer.«

Das tat Frank ohne das geringste Zögern. Er berichtete, wie intelligent und umsichtig seine Tochter war und welche glänzende Zukunft sie vor sich hatte. Aber seit dem Wechsel auf die höhere Schule habe er den Eindruck, sie nicht mehr zu kennen. Vorher sei sie mitteilsam und entgegenkommend gewesen, nun jedoch launisch und so kurz angebunden, dass sie auf jede Frage nur noch mit ein oder zwei Worten antwortete.

Rita konnte nicht widerstehen: »Mit *mir* redet sie.«

Frank wirkte beunruhigt: »Und worüber?«

Unsere erste Sitzung ging in dieser Art weiter. Rita und Frank versuchten zwar, beim Thema zu bleiben und über ihre Tochter zu sprechen, konnten es sich jedoch nicht verkneifen, sich gegenseitig kleine Nadelstiche zu verpassen, wenn es um die Frage ging, wer bei der Erziehung die besseren Entscheidungen traf. Frank machte sich Sorgen, seine Tochter könnte von Rita lernen, dass man seinen Gefühlen immer nachgeben und bei der geringsten Kleinigkeit fast zusammenbrechen darf, während Rita befürchtete, ihre Tochter würde von Frank lernen, ihre Gefühle zu unterdrücken und wie ein Roboter durchs Leben zu gehen. Aber es ging ihnen eigentlich nicht um die Frage, wer von ihnen der bessere Elternteil war: In Wirklichkeit dienten ihre Sticheleien dem Zweck, ihr eigenes Selbstgefühl gegen die Angriffe des jeweils anderen zu verteidigen. Ich sagte ihnen, wir würden eine zweite Sitzung brauchen, und zu meiner Überraschung waren beide gerne bereit, einen neuen Termin zu vereinbaren.

Bei der Paarberatung hat jeder der Partner die unausgesprochene Hoffnung, dass der Therapeut ihm oder ihr Recht gibt. Ich spürte, dass Rita und Frank mir schon diese Rolle des Richters zugedacht hatten, aber ich wollte eine zweite Sitzung, um ihnen die Brücke zu zeigen, die eine mächtige Verbindung zwischen ihnen darstellte: ihre Sorgen um die Tochter, die beide eindeutig liebten.

Bei unserem zweiten Gespräch entschied ich mich dafür, gezielte Anleitungen zu geben. Während ich Rita direkt anschaute, erklärte ich ihr, dass Franks gesamte Logik ein Versuch war, die Bedrohung, die in der Familie aufgetaucht war, zu verringern. Dann wandte ich mich an Frank und erklärte ihm, Ritas Gefühle würden das Ausmaß ihrer Befürchtungen spiegeln, die durch diese überraschende Wende im Leben ihrer Tochter ausgelöst worden waren. Im Weiteren sprach ich sie gemeinsam an und sagte, dass sowohl Franks logische Überlegungen als auch Ritas emotionale Reaktionen wertvolle Informationsquellen darstellen, die zusammen betrachtet genau das ergeben, was jeder Mensch braucht, um eine gute Entscheidung zu treffen: ein Gleichgewicht zwischen Herz und Verstand. Ich führte das noch weiter aus und sagte, wenn Frank sich für Ritas Gefühle und Rita sich für Franks Gedanken interessierte, dann könnten sie Emotion und Logik miteinander verbinden und die richtige Antwort auf die Probleme ihrer Tochter finden. Außerdem teilte ich ihnen mit, ich hätte festgestellt, dass Frank sehr wohl *Gefühle hatte*, die sich auf seine Gedanken bezogen, und dass Rita sehr wohl über ihre Gefühle *nachdachte*, sodass beide in Wirklichkeit gar nicht so verschieden waren und sicher keine negativen Etikettierungen wie »logischer Eisblock« oder »emotionales Wrack« verdienten. Unterschiedlich waren nur ihre ursprünglichen Reaktionen auf die Bedrohung gewesen, die Frank zu seinen Gedanken und Rita zu ihren Gefühlen veranlasst hatten.

Ich gab ihnen den Namen einer Beraterin, die ihre Tochter aufsuchen konnte, um die Forderung der Schule zu erfüllen, und als sie mich verließen, schien es mir, als hätten sie zueinander gefunden und seien zufrieden. Zwei Monate später rief Frank mich an, um mir zu danken, und sagte, sie hätten beide ein gerade sehr populäres Buch darüber gelesen, wie sich die Unterschiede zwischen Männern und Frauen in Beziehungen äußern. Er und Rita hätten sich mit einem Schmunzeln auf jeder Seite wiedererkannt.

Die Ängste, die durch die Probleme der Tochter ausgelöst worden waren, hatten Rita und Frank zur Brücke der geteilten Verwundbarkeit geführt, die sich für sie geöffnet hatte, sodass sie nun zur jeweils anderen Seite gelangen konnten. Jetzt wussten sie, dass Frank sein Denken und Rita ihre Emotionen benutzte, um Ängste zu verringern, und sie konnten voneinander neue Ansätze lernen und als Team daran arbeiten, statt weiterhin zwei Einzelpersonen zu sein, die sich in Krisenzeiten isoliert und missverstanden fühlten.

Wie wir im nächsten Kapitel sehen werden, kann sich diese Brücke der geteilten Verwundbarkeit auch als wichtiger Schritt auf *unserem* gemeinsamen Weg erweisen – unsere erste Übung zur Verwandlung der Angst.

Den Schmerz lindern

Ein Meer von Blau erstreckt sich über den Himmel. Das Fieber des Lebens ist gestillt, und alle Steine sind fortgeschwemmt, wenn ich inmitten dieser inneren Welt sitze.

Kabir: *Lieder*

Rona war elf Jahre alt, als ihr Vater an einem Herzinfarkt starb. Es geschah ohne Vorwarnung, mitten am Tag, während er bei der Arbeit war. Nachdem Ronas Mutter die schockierende Nachricht telefonisch erfahren hatte, versuchte sie, ihre sensible Tochter sofort vor dem Verlust abzuschirmen. Sie schickte Rona in ihr Zimmer, wo sie bleiben sollte, »bis Mommy kommt und dich holt«.

Rückblickend erinnert sich Rona, dass sie hörte, wie die Verwandten ins Haus kamen, und dass sie sich in ihrem kindlichen Denken fragte, ob vielleicht bald eine große Party beginnen würde. Die Angehörigen scharten sich um Ronas Mutter, überschütteten sie mit Aufmerksamkeit und kümmerten sich um die Beerdigungsformalitäten, während Rona mit ihrem geliebten Hund gehorsam in ihrem Zimmer wartete. Hin und wieder steckte die Mutter, die sehr blass aussah, ihren Kopf zur Tür herein und sagte, die Erwachsenen hätten über etwas sehr Wichtiges zu reden und Rona solle noch warten. Inzwischen spürte Rona, dass etwas wirklich Schlimmes passiert war, aber sie stellte ihr Radio an und klammerte sich an ihren geliebten Hund wie an einen Rettungsanker. Der warme Körper des Hundes mit seinem langen Fell fühlte sich an Ronas Brust tröstlich an, und so hielt sie ihn endlos fest. Mit dem besonderen Gespür, das Tiere haben, blieb der Hund ganz still und ließ sich von Rona umklammern.

Nachdem man ihr schonend den Tod des Vaters beigebracht hatte, suchte Rona in den folgenden Monaten der Trauer dieses Gefühl von körperlichem Trost immer wieder – manchmal bei ihrem Hund, aber manchmal stopfte sie sich auch so lange mit Essen voll, bis sie sich völlig abgestumpft fühlte. Kaum war sie mehr als ein paar Minuten allein im Haus, wurde sie unruhig und ging zum Kühlschrank, um nach etwas Essbarem zu suchen. Als Rona zu mir kam, war sie 28 Jahre alt, lebte allein in der Stadt und war süchtig nach Essen, mit dem sie sich tröstete, wenn sie sich einsam oder verwundbar fühlte.

Der Ausdruck *süchtig* beschwört vielleicht das Bild von gefährlichen, illegalen Substanzen wie Heroin herauf. Aber wenn wir an die Wurzel der Sucht denken – das zwanghafte Bedürfnis im Inneren eines Menschen, negative Gefühle zu unterdrücken –, dann erkennen wir den größeren Zusammenhang, der auch alle legalen, von Ärzten verordneten Medikamente umfasst, die unser Denken und Fühlen verändern und in unserer modernen Welt so allgegenwärtig sind. Angstlösende Mittel, Antidepressiva, Beruhigungsmittel, Schmerzmittel, Medikamente zur Muskelentspannung, Magenmittel, Schlaftabletten – sie alle werden häufiger als je zuvor verwendet, und viele Menschen haben das Gefühl, ihr Wohlbefinden sei davon abhängig.

Jenseits der Arztpraxen und Rezepte gibt es außerdem Millionen Menschen, die sich mit Substanzen wie Marihuana, Kokain, Amphetaminen, Halluzinogenen oder Steroiden selbst behandeln, um sich besser zu fühlen. Andere nehmen Kräuterpräparate, über deren Qualität und richtige Dosierung sie wenig wissen. Dann gibt es noch die am häufigsten zur Selbstbehandlung verwendete Medizin gegen negative Gefühle: Alkohol. Die Statistiken über Alkoholmissbrauch sind sehr unterschiedlich, aber die zuverlässigsten Schätzungen gehen davon aus, dass 18 Millionen Amerikaner alkoholsüchtig sind und 53 Prozent aller amerikanischen Bürger ein Familienmitglied mit Alkoholproblemen haben. Und schließlich haben wir noch Zwangsneurosen wie bei Rona: Esssucht, Spielsucht, Magersucht, die Sucht nach Fitnessübungen, Kaufsucht und sogar Internetsucht.

Bonney und ich haben viele Jahre lang in Rehabilitationszentren gearbeitet und festgestellt, dass alle Arten von Sucht – so weit man den Ausdruck auch fassen mag – einen gemeinsamen Nenner haben: das Bestreben, emotionalen Schmerz zu lindern, zu beseitigen oder zu unterdrücken. Ein Patient nach dem anderen erzählte uns, dass er oder sie Drogen oder Medikamente nahm, um negative Gefühle loszuwerden oder mit Minderwertigkeitsgefühlen besser zurechtzukommen. Vor allem Bonney fand bei ihrer Arbeit mit Heroinabhängigen aus allen gesellschaftlichen Schichten etwas heraus, was noch bezeichnender war: Die große Mehrheit dieser Süchtigen hatte während der frühen Kindheit einen schweren Verlust erlitten – sie waren verlassen worden oder hatten ein Geschwisterkind oder ein Elternteil verloren. Diese Patienten waren früh mit der harten Wirklichkeit der menschlichen Grundverfassung in Berührung gekommen, ohne dass ihnen jemand geholfen hätte, mit dem Schmerz fertig zu werden, der jetzt in neuen Formen in ihrem Körper und ihren Emotionen an die Oberfläche kam. Mit anderen Worten: Sie stellte fest, dass diese Menschen Zuflucht bei Drogen oder Medikamenten suchten, um sich vor ihren Gefühlen der Verwundbarkeit in dieser Welt zu schützen.

Wenn wir uns klar machen, dass der Missbrauch von Drogen und Medikamenten dazu dient, Gefühle der Angst und Verwundbarkeit zu lindern, dann können wir auf sinnloses Moralisieren verzichten. Die Süchtigen haben dieselben Ängste wie wir auch, nur dass sie aufgrund früherer Belastungen schlechter damit umgehen können, vielleicht auch emotional weniger gefestigt sind – und dass sie ihren Ängsten immer wieder ausgesetzt sind: Wenn der Organismus erst einmal frei von Drogen ist, muss ein solcher Mensch sich als Rekonvaleszent erneut mit der grundlegenden Verwundbarkeit auseinandersetzen, vor der er sich ursprünglich in die Sucht geflüchtet hat, aber diesmal ohne eine medikamentöse Linderung. Ob die Rehabilitation erfolgreich verläuft oder nicht, hängt davon ab, ob der Betreffende neue, gesündere Wege zum Umgang mit der Angst findet.

Die Entscheidung

Spirituelles Wachstum zwingt
zur Verantwortlichkeit, vor der das
egozentrische Ich fliehen will.
Roberto Assagioli

Für jeden von uns gilt: Unsere Reaktionen auf die ganz normale, natürliche Angst in unserem Inneren entscheiden über den Verlauf unseres Lebens. Im schlimmsten Fall macht uns die Angst zu »handlungsunfähigen Krüppeln«; im besten Fall ist sie der Weg, uns unsere kostbarsten Potenziale zu erschließen. Dieser Weg beginnt damit, dass wir lernen, wie wir auf positive Weise mit unserer

Angst umgehen und sie durch unsere Reaktion verwandeln können.

Ein Teil von mir wünscht sich, dass das Leben nicht so wäre, wie es ist. Dieser verträumte, wahnhafte Teil von mir möchte glauben, dass ich vollkommen gesund sein werde, bis mein Körper im hohen Alter so erschöpft ist, dass ich den Tod als Erholung von der materiellen Welt betrachte und sie verlasse, um mich auf eine metaphysische Ebene der Glückseligkeit zu begeben.

In diesem Lebenstraum wird niemand, den ich liebe, leiden müssen oder von einem Unglück heimgesucht werden. Natürlich werden schlimme Dinge geschehen – so ist das Leben –, aber sie geschehen nur anderen Menschen, während ich aus der Ferne durch die Zeitung oder das Fernsehen davon erfahre. In diesem Traum vom sicheren Leben sitze ich gemütlich zu Hause, esse ein Sandwich und trinke ein Bier, während auf meinem Fernsehschirm völlig fremde Menschen leiden.

Hätte ich die Wahl, würde ich in der Welt meiner Wahnvorstellungen leben wollen – aber es sind eben nur Wahnvorstellungen. Alles, was ich bisher über die menschliche Grundverfassung der Verwundbarkeit geschrieben habe, läuft auf eine klare innere Entscheidung hinaus, die jeder Mensch selbst treffen muss: Wollen Sie in einem Traum der Vermeidung durchs Leben gehen? Oder wollen Sie sich für das Leben öffnen, so wie es wirklich ist?

Stärke in der Ergebung

Um den Tod seines größten Vorteils uns gegenüber zu berauben, lasst uns einen anderen als den üblichen Weg einschlagen. Nehmen wir ihm seine Fremdheit, praktizieren wir ihn, gewöhnen wir uns an ihn.

Montaigne: *Essays*

Es war Sommer, und die Sonne schien um acht Uhr abends noch durch mein Praxisfenster, als Ryan mir gegenübersaß und auf seine Antwort wartete.

Seit unserer ersten Begegnung im Winter hatte Ryan mich nur wenige Male aufgesucht, denn er wollte lieber versuchen, das Rätsel der Verwundbarkeit dadurch zu lösen, dass er sich mit reiner Willenskraft und persönlicher Stärke über seine verwundbaren Gefühle hinwegsetzte. Aus seinen jüngsten Entscheidungen schloss ich, dass er das Schicksal herausforderte, um eine Konfrontation mit seiner Verwundbarkeit zu erzwingen. Er hatte sich wie ein Verrückter in die Arbeit gestürzt, sein Terminkalender war übervoll, er unternahm Flugreisen, die weit über das hinausgingen, wozu ihn seine Führungsposition in der Firma verpflichtete, und vor allem hatte er mit dem Bungeespringen begonnen. Laut lachend beschrieb er mir, wie er sich anseilte und sich – vollgepumpt mit angstlösenden Tabletten, die sein Arzt ihm verschrieben hatte – zum Sprung von einer Brücke bereit machte. Es klang so, als würde er gleich verrückt werden, und er verstärkte diesen Eindruck noch, indem er seine Fantasien beschrieb, sich entweder von seiner Frau scheiden zu lassen oder mit der gesamten Familie in die Wildnis zu ziehen – beides Strategien, die drastische Veränderungen in sein Leben bringen sollten, damit er sich wieder heil und ganz fühlen konnte. Er hatte sogar – ganz kurz – daran gedacht, versuchsweise religiös zu werden.

Wohin wenden wir uns, wenn unser leitendes Prinzip uns verlassen hat? Ich hatte keine magischen Worte für Ryan, nicht einmal, als er mich über den Schreibtisch hinweg ansah und auf Hilfe oder Trost wartete. Alles, was ich ihm anbieten konnte, war ein Weg, den ich selbst vor Jahren eingeschlagen hatte. Die ersten Schritte unternahm ich, nachdem ich meine eigenen Versuche, eine Antwort auf die Verwundbarkeit zu finden, aufgegeben hatte und mir allmählich klar wurde, dass man nicht nach einer Antwort *darauf*, sondern nach einer Antwort *darin* suchen muss.

Der Weg der Verwundbarkeit

Die Entscheidung, ein Kind zu bekommen,
ist von großer Tragweite. Sie bedeutet, dass unser Herz
für immer außerhalb des eigenen Körpers lebt.
Elizabeth Stone

Schon früh in meinem Leben, lange bevor ich die Verwundbarkeit zu meinem Thema machte, richtete ich meine Barrieren gegen sie auf. Ich begann während meiner Kindheit damit, weil ich das Gefühl hatte, dass mein Vater mich hasste. Heute verstehe ich, dass er selbst überaus verwundbar war, denn er war als einsamer junger Mann mit nur einem einzigen Koffer in der Hand nach Amerika ausgewandert. Aber damals sah ich stets nur seinen Sarkasmus und seine Kälte. Ich war sein ältester Sohn, aber er schien sich nicht im Geringsten für das zu interessieren, was ich sagte oder tat, und Emotionen zeigte er nur, wenn er irgendwo im Haus eine Tür zuschlug und damit deutlich machte, dass er in Ruhe gelassen werden wollte. Meine Mutter, meine Brüder und ich verstanden die Botschaft: Wir durften ihn nicht stören oder ihm irgendwelche Fragen stellen. Das machte unser Abendessen, die einzige Zeit, die wir gewöhnlich alle in einem Raum verbrachten, zu einer endlosen Zeit quälenden Schweigens und böser Blicke.

Ich erinnere mich nicht, dass ich irgendeine klare Entscheidung traf, mich zu einem unberührbaren Menschen zu entwickeln. Ich fing einfach an, mich so zu verhalten, und auch mein Gesichtsausdruck war völlig unnahbar. Ich war dabei, das Dilemma der Verletzungen dadurch zu lösen, dass ich aufhörte, überhaupt verletzbar zu sein. Bezeichnenderweise hatte ich mich – ohne es selbst zu merken – entschieden, mich durch eine Haltung der Gleichgültigkeit zu schützen, die stark an die Art und Weise erinnerte, wie mein Vater mich behandelte.

In der Highschool und auf dem College verließ ich mich auf diesen Schutz. Ich hatte Freunde und kam im Allgemeinen mit anderen Leuten zurecht, aber sobald jemand oder etwas einen empfindlichen Nerv in mir berührte, zog ich mich in meine Unnahbarkeit und Gleichgültigkeit zurück. Wenn jemand beispielsweise eine kritische Bemerkung über mich fallen ließ, dann floh ich vor dem Schmerz, indem ich beschloss, dass mir der Betreffende gleichgültig war. Wenn andere sich über einen Vorfall aufregten, machte ich durch meine Kommentare klar, dass mich die Sache kalt ließ.

Dann heiratete ich Bonney, und sie ließ nicht zu, dass ich mich so verhielt. Wann immer ich ihr gegenüber die Haltung distanzierter Gleichgültigkeit einnahm, brach sie in Tränen aus und erschütterte dadurch meine Pose. Ich wurde zwar nicht über Nacht zu einem mitfühlenden, liebevollen Ehemann, aber zumindest zeigte ich ein wenig Gefühl, auch wenn es sich anfangs in Zorn oder Verzweiflung über ihr Weinen äußerte. Und als wir Kinder hatten, brach mein schlechter Plan zum Selbstschutz vollends in sich zusammen. Wenn meine Tochter sich in den Finger geschnitten hatte, spürte ich intuitiv, wie dieser Schnitt durch meinen gesamten Körper ging. Wenn jemand meinen Sohn schikanierte, hätte ich den Rüpel, der ihm so zusetzte, am liebsten umgebracht. Wenn ich selbst krank oder verletzt war, bekümmerte es mich am meisten, dass ich meiner Familie Sorgen machte. Meine Frau und meine Kinder hatten meinen traurigen kleinen Plan, unverwundbar durchs Leben zu gehen, gründlich zunichtegemacht.

Ich hatte darauf gehofft, ein distanziertes Leben zu führen, aber es hatte nicht geklappt, und darüber war ich froh. Wann immer ich die Wirkung der Verwundbarkeit spürte und mir erlaubte, sie auszuhalten, statt in die Unnahbarkeit zu flüchten, fühlte ich mich menschlicher, seelenvoller und wirklicher. Allmählich erkannte ich, dass die Verwundbarkeit mir den Weg zu einem besseren Leben wies. Hin und wieder wurde meine Entschlossenheit auf die Probe gestellt – als meine Eltern starben;

als die noch verbliebenen älteren Verwandten starben und ich als ältestes überlebendes Familienmitglied zurückblieb; als mein guter Freund mit 49 Jahren an einer Gehirnblutung starb; als der Freund meines Sohnes mit 16 Jahren an einer Überdosis Heroin starb; als die Tochter eines lieben Freundes mit 22 Jahren an einer akuten Infektion starb und ein einjähriges Kind zurückließ; und bei vielen anderen Verlusten –, und ich erinnere mich, dass ich mich versucht fühlte, zu meinem alten Plan der Gleichgültigkeit zurückzukehren. Aber zum Glück tat ich es nicht, die Verbindung zur Verwundbarkeit blieb offen, und die Verluste ließen mich die Welt als schmerzlicher und zugleich kostbarer empfinden.

Michelangelos Maria

Eine schlichte, stille, unbeschriebene
und unbeschreibliche Gegenwart weilt
friedlich in unserem Inneren.
Ralph Waldo Emerson: *Essays*

Ich hatte angenommen, nur ich allein würde versuchen, mir auf dies alles einen Reim zu machen, aber jeder Mensch, der jemals gelebt hat, hat zu seinem persönlichen Verständnis der Verwundbarkeit – der Welt und seiner eigenen – gefunden. Und manchmal gelingt es dem einen oder anderen Künstler oder Visionär, seine Entdeckung der übrigen Welt mitzuteilen. Ich erlebte meine Offenbarung, den Augenblick, in dem mir das Potenzial der Verwundbarkeit so klar wie nie zuvor wurde, als ich in Rom vor Michelangelos *Pietà* im Petersdom stand.

Die Pietà ist die Marmorstatue einer sehr jung aussehenden Maria, die den toten Jesus in ihren Armen hält. Marias Gesicht drückt eine unergründliche Ruhe aus. Akzeptiert sie das von Gott auferlegte Schicksal ihres Sohnes so sehr, dass sie nicht mehr dagegen ankämpft und eine Art von Frieden gefunden hat? Oder ist sie vom Schmerz derart überwältigt, dass sie sich geistig distanziert hat, um vor der brutalen Tatsache der Ermordung ihres Sohnes zu fliehen?

Je länger ich sie anschaute, desto mehr sah ich, dass es nicht Michelangelos Absicht gewesen war, einen dieser beiden Zustände darzustellen. Was er zeigen wollte, war Ergebung, nicht im Sinne von Aufgeben und Resignation, sondern Ergebung in das, was ist – in die Art und Weise, wie Dinge geschehen, auch wenn das in keiner Hinsicht unseren Wünschen entspricht. Ich erkannte die Stärke in der Ergebung, den Mut, zu verstehen, dass die Dinge so sind, wie sie sind. Inspiriert von seinem eigenen Genie und der langen Tradition von Künstlern vor ihm, die eine trauernde Maria gemalt oder als Skulptur dargestellt hatten, hatte der junge Michelangelo einen Weg gefunden, äußerste Verwundbarkeit und vollkommene Gelassenheit miteinander zu verbinden.

Ich hatte das bis dahin nie verstanden. Obwohl mir katholische Bildnisse vertraut waren, hatte ich sie bisher nur als Teil des katholischen Dogmas interpretiert. Dieses Dogma besagt, dass Jesus am Kreuz starb, um seinen Anhängern den Weg zur Erlösung, zum ewigen Leben im Himmel zu zeigen. Aber die *Pietà*, die hier vor mir stand, erzählte eine irdische Geschichte: Man liebt und verliert, und so geht es auf der Welt zu. So ist das Leben, und das ist in Ordnung, wenn man die Kraft findet, sich darein zu ergeben. Wenn man aber versucht, davor zu fliehen oder Kontrolle darüber zu erlangen – also beschließt, dass es nicht in Ordnung ist –, dann stellt man sich selbst außerhalb der Wirklichkeit und lebt in einer egozentrischen Wahnvorstellung.

Die stille Kraft, die Michelangelos Porträt der Maria ausstrahlt, vermittelte mir eine neue Vorstellung, wie ich mit meiner Verwundbarkeit umgehen könnte. Zu verstehen, dass unser Leben Verluste garantiert, und sich in diese Wahrheit zu ergeben erschien mir nun nicht mehr als passiver Akt der Schwäche oder als eine deprimierende Aussicht. Ergebung ist eine aktive Entscheidung, ein Akt der Stärke und des Mutes, der durch Gelassenheit belohnt wird. Während ich vor Maria stand, erkannte ich, dass es einen Weg gibt, mit der angstbesetzten Seite des Lebens fertig zu werden: Wir müssen uns mitten in die Angst hineinbegeben, so wie sie ist. Ich erkannte, dass ich mein Bedürfnis nach Kontrolle oder Verständnis meiner verwundbaren Grundverfassung aufgeben konnte. Ich würde nie eine Antwort auf die Verwundbarkeit finden; stattdessen musste ich in ihrem Inneren nach einer Antwort suchen, die nicht zu leugnen war.

Eine Runde um den Block

Es gibt nichts Unverrückbares in der Natur.
Das Universum ist fließend. Es gibt kein Außen,
keine einschließende Mauer, keine Peripherie für uns.
Ralph Waldo Emerson: *Essays*

Ich schaute Ryan an, der mir gegenübersaß und darüber sprach, auf welche Weise er die Verwundbarkeit abwehrte, und ich fragte mich, wie um alles in der Welt ich ihm beibringen sollte, dass der erste Schritt zu einer Antwort auf seine Sehnsucht darin bestand, den Mut zur Ergebung zu finden. Diese Herausforderung war nichts Neues für mich; in den Jahren unserer Lehrtätigkeit hatten Bonney und ich oft gescherzt, dass die Werbung für Verwundbarkeit wahrscheinlich von allen möglichen Richtungen, die wir einschlagen konnten, diejenige mit dem geringsten Sexappeal war. Wenn man sich in Buchhandlungen die Abteilung für Lebenshilfe und Spiritualität anschaut, dann sieht man eine Flut von Titeln, die *Erfolg!*, *Meisterung!* und *Sicherheit!* in Aussicht stellen. Das alles können wir Ihnen nicht versprechen, und ich konnte es auch Ryan nicht zusichern. Aber ich konnte ihm zeigen, dass gerade seine eigene Verwundbarkeit die Verbindung zu einem neuen Gefühl zu schaffen vermochte, zu einem Gefühl, das in diesem Moment in seinem Inneren auf ihn wartete.

Ich beschloss, ihm von einer Praxis zu erzählen, die ich »eine Runde um den Block« nenne. Sie entwickelte sich aus einem Seminar unter dem Titel *Frieden fördern*, das Bonney und ich in den achtziger Jahren in New York zu veranstalten begannen – eine Art Crashkurs in spiritueller Entwicklung mit dem Ziel, der wachsenden Anzahl von Aids-Patienten sowie ihren Freunden und Angehörigen zu helfen. Lange vor Ausbruch der HIV-Epidemie war uns klar geworden, dass Verwundbarkeit der Schlüssel ist, um viele menschliche Verhaltensweisen zu verstehen, aber erst die körperliche, emotionale und spirituelle Krise, die mit dem plötzlichen Auftreten dieser Krankheit verbunden ist – dieser Ansturm von Verlusten –, führte uns und allen anderen Menschen das Phänomen der Verwundbarkeit drastisch vor Augen.

In dem Seminar forderten wir die Teilnehmer auf, ihre eigene Verwundbarkeit als nackte Tatsache des Lebens zu betrachten, so wie wir auch die Leser dieses Buches dazu auffordern. Ich stand vor der Gruppe und bat jeden Teilnehmer, mich als vergänglich zu sehen – sich auf die Tatsache zu konzentrieren, dass *ich* verwundbar war, eines Tages sterben würde und mein Körper, den sie jetzt sahen, wie auch meine Stimme, die sie jetzt hörten, nicht mehr existieren würden. Dann forderte ich sie auf, sich mit derselben Art der Wahrnehmung den anderen Kursteilnehmern zuzuwenden. Nach etwa einer Minute fragte ich sie, wie sich das anfühlte. Ein Mann erklärte, sobald er meine Anweisungen gehört habe, sei ihm speiübel geworden. Alle lachten extrem laut, und er lachte ebenfalls, ein Lachen der nervösen Anspannung.

Anschließend trieben Bonney und ich die Dinge einen Schritt weiter. Wir forderten die Kursteilnehmer auf, den Seminarraum und das Gebäude zu verlassen und eine Runde um den Block zu gehen. Dabei sollten sie sich jede Person, der sie auf der Straße begegneten, mit demselben Bewusstsein anschauen wie zuvor die anderen Kursteilnehmer. Wir forderten sie auf, jeden Menschen, sich selbst eingeschlossen, als verwundbar und vergänglich zu betrachten. Mit dieser Art des Unterrichts setzten wir auf Konfrontation, aber wir taten es, weil wir uns in einer Art Notstandssituation befanden. Wir wollten unseren Kursteilnehmern helfen, Schuldzuweisungen, Angst, Zorn und Abwehrhaltungen zu überwinden, mit denen sie der schwierigen Wahrheit des Lebens begegneten, und ihnen zeigen, wie sie auf andere Weise mit der Realität von Verlusten umgehen konnten.

Zornig, traurig, liebevoll

Nichts Göttliches stirbt.
Die Schönheit der Natur wiederholt sich
im Geiste der Menschen, und dies nicht für
unfruchtbare Betrachtung, sondern
um Neues zu schaffen.
Ralph Waldo Emerson: *Natur*

Es war ein heller, sonniger Morgen, als eine Gruppe von Kursteilnehmern den Seminarraum zu einer Runde um den Block verließ und verändert zurückkehrte.

Ich erwartete sie auf der Eingangstreppe zum Gebäude und beobachtete, wie einer nach dem anderen auf mich zukam – manche sahen zornig aus, andere traurig, und einige von ihnen hatten Tränen in den Augen.

Die Zornigen sind am leichtesten zu beschreiben. Sie hatten die Übung als deprimierend empfunden und ärgerten sich darüber, dass ich ihnen den Vormittag verdorben hatte. Sie nahmen an diesem Seminar teil, weil sie sich besser fühlen wollten, und stattdessen hatte das Nachsinnen über die Verwundbarkeit dazu geführt, dass sie sich noch schlechter fühlten. Weiter konnten oder wollten sie nicht denken.

Die Reaktion der Traurigen war gemischt und nachdenklich. Auch sie waren durch die Übung verstört, aber darüber hinaus hatten sie etwas Neues gesehen, während sie durch die geschäftigen Straßen von Manhattan gingen und die Passanten beobachteten. Wenn ein junger Mensch vorüberkam – oder jemand, der gut gekleidet war, gut aussah, sportlich wirkte, Selbstvertrauen ausstrahlte –, dann wurde ihnen klar, dass weder Jugend noch Reichtum, gutes Aussehen, Gesundheit oder ein gutes Selbstwertgefühl irgendjemandem irgendetwas gewährten, das mehr gewesen wäre als die Illusion von Schutz. Die verschiedenen Eigenschaften, nach denen wir streben, offenbarten sich im Licht dieses vergänglichen Lebens als etwas, das ohne dauerhaften Wert ist.

Und schließlich gab es noch diejenigen, in deren Augen Tränen standen. Während sie auf der Straße an Menschen vorübergegangen waren und dabei an die Realität der uns allen gemeinsamen Verwundbarkeit gedacht hatten, blickten sie durch die äußeren Unterschiede hindurch und darüber hinaus; sie sahen nur noch Brüder und Schwestern. Die sozialen Gewohnheiten, in denen wir alle geübt sind – zu bewerten, zu vergleichen, zu beurteilen und uns selbst von anderen zu unterscheiden –, hatten sich bei diesen Kursteilnehmern aufgelöst und einer tieferen Ebene der Wahrnehmung Raum geschaffen. Jeder Vorübergehende war ein anderes lebendes Wesen, erstaunlich, kostbar, und das umso mehr durch seine vergängliche Anwesenheit auf dieser Welt. Durch diese Sichtweise empfanden die Kursteilnehmer Bruderschaft, Schwesternschaft, Verbundenheit. Die Tränen in ihren Augen waren Tränen der Liebe.

Der Geist des Einsseins

Nun findet und verehrt das Bewusstsein – im Himmel und im Vogelnest, in der Seele und in der Leere – die allen gemeinsame Liebesenergie.
Evelyn Underhill

Falls Sie nun meinen, diese Kursteilnehmer hätten ihre Sache besser gemacht als jene, die zornig wurden – oder sie seien gar besser, weiser oder weniger selbstbezogen gewesen –, dann lassen Sie mich jetzt von Glen erzählen, und Sie werden erkennen, wie gering der Abstand zwischen den verschiedenen Gruppen ist. Glen wurde mit 35 Jahren HIV-positiv diagnostiziert und von seinem Arzt wegen schwerer Angstattacken und Wutausbrüche zu mir überwiesen. Er hatte Medikamente zur Linderung seiner Symptome abgelehnt und sich zu Recht darauf berufen, dass er diese extremen Gefühle hatte, weil er sich in einer extremen Situation befand. Er wollte weder irgendwelche mentalen Tricks lernen noch durch Hypnose von seinen Gefühlen befreit werden, aber er wusste, dass er eine neue Art des Umgangs mit diesen emotionalen Zuständen lernen musste.

Ich arbeitete eine Weile mit Glen und lehrte ihn eine Meditationstechnik, die aus der buddhistischen Einsichtsmeditation stammt. Sie half ihm, seine Wut und seine Angst als lediglich zwei weitere vorübergehende Erfahrungen im Strom der Gedanken und Gefühle zu verstehen, die in unserem Bewusstsein immer wieder auftauchen und vergehen. Seine Meditationspraxis nahm seinem Zorn einen Teil der Energie, war aber nicht stark genug, um bis zu dessen Wurzel vorzudringen, zu der Tatsache, dass er überhaupt krank geworden war. Immerhin war seine Krankheit kein vorübergehender Gedanke, der immer wieder auftauchte und verging; sie war eine Realität. Und sie wurde verschlimmert durch seine eigenen bedrückenden Selbstvorwürfe. Stets hatte er Leute, die schwer krank wurden, als Verlierer betrachtet, die durch eigene Schuld in diese Situation geraten waren. Nun war er selbst einer dieser Verlierer, und das umso mehr, als seine Krankheit mit einem sozialen Stigma verbunden war.

Ich schlug ihm vor, an einem *Frieden-fördern*-Seminar teilzunehmen, weil ich hoffte, eine Diskussion und Erfahrung der uns allen gemeinsamen Verwundbarkeit würde seine Sichtweise erweitern und Selbstvorwürfe mildern. Bei diesem Seminar wurde Glen zu einer echten Herausforderung. Als ich die Gruppe aufforderte, mich als verwundbar und vergänglich zu betrachten und sich dann auf dieselbe Weise den anderen Kursteilnehmern zuzuwenden, sprang er auf und schrie mich an: »Nun mach dich mal nicht so wichtig. Für dich ist das doch nur ein Spiel. Ich bin derjenige, der verdammt noch mal sterben wird!«

Er war wirklich geladen. Unter solchen Umständen ist es gewöhnlich am besten, wenn man den Betreffenden reden lässt, damit er einen Teil seiner zornigen Energie loswerden kann, und deshalb sagte ich nichts und wartete ab. Glen sprach weiter und erklärte, er sei wütend darüber, dass ich, der ich offensichtlich vollkommen gesund war, meine eigene Situation mit seiner verglich. Leute wie ich könnten sich den Luxus leisten, sich Sorgen über Verwundbarkeit zu machen, weil sie ihr nicht auf dieselbe Weise täglich ins Gesicht sehen müssten wie er.

Damit hatte er natürlich Recht. Ich hatte mehrfach meinen eigenen Tod vor Augen gehabt – durch Unfälle oder Gewalttätigkeit –, aber das waren Ereignisse gewesen, die vorübergingen. Wenn Glen sich abends ins Bett legte und morgens wieder aufwachte, war er immer noch HIV-positiv und musste immer noch damit rechnen, dass er Aids bekommen würde.

Aber er hatte auch Unrecht. Er war nicht der einzige Mensch auf dieser Welt, der seiner Verwundbarkeit ins Gesicht sehen musste. Im Gegensatz zu mir hatte er eine Diagnose, aber unser beider Leben war genauso vergänglich wie das Leben aller anderen Menschen. Ich wusste, dass eine Übung wie die Runde um den Block das Potenzial hatte, ihn aus seiner wütenden, stigmatisierten Isolation herauszuholen und ihn der Verbundenheit näherzubringen. Und an demselben Tag, an dem Glen im Seminarraum gegen mich gewütet hatte, kehrte er mit Tränen der Liebe in den Augen von seiner ersten Runde um den Block zurück.

Was Glen und die anderen Kursteilnehmer an diesem Tag entdeckten, war die großartige Chance, die in der Verwundbarkeit liegt. Unsere verwundbare Lebenswirklichkeit, so wie sie ist und ohne irgendwelche Patentlösungen oder illusorischen Schutzwälle, öffnet die Tür zu einer tieferen Ebene unseres Bewusstseins, wo sich die trennenden Grenzen auflösen und eine alles verbindende Liebe regiert. Dies ist der Geist des Einsseins, auf den wir im letzten Teil des Buches noch zurückkommen werden, um nach Möglichkeiten zu suchen, wie sich dieser entscheidende Teil unseres Wesens weiterentwickeln lässt.

Die Übung der Verwundbarkeit

In diesem Augenblick spürten wir in aller Deutlichkeit dieses fast mystische Einssein mit allen Menschen in der Welt.
Der Astronaut Buzz Aldrin, während er auf dem Mond stand

Um die *Frieden-fördern*-Seminare mit neuen Einsichten zu bereichern, begann ich selbst häufiger und mit größerer Achtsamkeit um den Block zu gehen. In diesem Kapitel werde ich genauer darauf eingehen, auf welche Weise Sie selbst Ihr Bewusstsein der Verwundbarkeit weiterentwickeln können, indem Sie sich für diese wichtige Lernerfahrung anderen Menschen zuwenden. Anschließend werden wir uns mit einigen anderen Gelegenheiten beschäftigen, dieses Bewusstsein in verschiedenen Umfeldern zu erweitern – indem wir uns in der Natur oder in unserem eigenen Inneren umsehen –, und feststellen, wie diese Umfelder die Bedingungen und Möglichkeiten für ein tiefgreifendes Erwachen schaffen.

Zur damaligen Zeit befand sich unsere Praxis in der West 11th Street in Greenwich Village, Manhattan. Drei Blocks in eine beliebige Richtung zu gehen bedeutete, zahllosen Menschen verschiedenster Nationalität mit den unterschiedlichsten Lebensstilen zu begegnen und an vielen kulturellen und religiösen Einrichtungen, Restaurants, Cafés, Märkten, Boutiquen und Buchhandlungen vorüberzugehen.

Ich sage Ihnen das, um Ihnen ein Gefühl dafür zu vermitteln, auf welche Ablenkungen ich traf, während ich versuchte, mit mutigen Augen die Straße entlangzugehen und die Passanten in dem vollen, klaren Bewusstsein anzuschauen, dass sie vergänglich waren. Sogar wenn ich beim Verlassen der Praxis fest zu dieser Übung entschlossen war, kam ich höchstens zehn Meter weit, bevor meine Gedanken in alle Richtungen abschweiften, während ich in Schaufenster blickte, Leute in den Cafés beim Kaffeetrinken beobachtete und mich fragte, ob ich jetzt oder erst später Brot kaufen sollte. Ich konnte meinen Konzentrationsmangel als Liebe zu dieser lebhaften Umgebung interpretieren, aber wenn ich mir selbst gegenüber ehrlich war, dann musste ich zugeben, dass mein Verstand froh war, die Verwundbarkeit zu vergessen und sich stattdessen mit der guten alten Gegenwart des Lebens direkt vor meinen Augen zu beschäftigen.

Nachdem ich etwa einen Block zurückgelegt hatte, erinnerte ich mich an die Übung, die ich hatte machen wollen, und ich versprach mir, bei der nächsten Runde mehr Willenskraft zu zeigen. Ich erinnere mich so deutlich an dieses Versprechen, weil es ganz klar eine Lüge war: Immerhin hätte ich die Übung für den Rest dieses Weges einfach wiederaufnehmen können. Doch mein Verstand sagte: *Nein, nächstes Mal.* Er fand wieder einmal eine Ausrede, damit er sich nicht auf die Verwundbarkeit konzentrieren musste. Indem ich mich selbst den Ablenkungen auf der Straße hingab, erkannte ich in aller Klarheit die verführerische Macht unserer Zerstreuungsindustrien – Fernsehen, Kino, Profisport, Drogen –, die dafür sorgen, dass wir immer mit unseren voyeuristischen Fantasien und Gedankenspielen beschäftigt sind. Unser Bewusstsein geht bereitwillig auf alles ein, was unsere Aufmerksamkeit von der Realität ablenkt.

Wenn Sie selbst Ihre Runde um den Block drehen, werden Sie feststellen, wie schwer es Ihrem Bewusstsein fällt, die Welt auf diese neue Weise zu betrachten, und sei es auch nur für kurze Zeit. Ihr Gehirn, dessen Verschaltungen Ihr Überleben sichern sollen, war Ihr Leben lang damit beschäftigt, die Realität Ihrer verwundbaren menschlichen Grundverfassung zu leugnen. Da der Verstand fürs Überleben konstruiert ist, will er nichts weniger als unsere Verwundbarkeit zugeben, denn das schließt natürlich seine eigene Verwundbarkeit mit ein.

Aber auch wenn Sie Ihr Bestes versuchen, sich vor der Wahrheit Ihrer verwundbaren Situation in dieser Welt zu verstecken, weiß Ihr Verstand in seinem tiefsten Inneren doch, dass sie existiert. Die Verneinung der Realität ist letzten Endes eine unlösbare Aufgabe, denn die Beweise für ebendiese Realität befinden sich überall. Wohin Sie sich auch wenden, stets sehen Sie lebende Wesen vor sich – Pflanzen, Tiere, Menschen –, die jetzt existieren, aber vergehen werden, und dazu gehört auch der Mensch, der Ihnen aus dem Spiegel entgegenblickt. Kein einziges Lebewesen bildet von dieser Regel eine Ausnahme. Und es sind nicht nur die lebenden Geschöpfe: Alles, was eine Existenz annimmt, verliert sie auch wieder. Alles, was ist, wird eines Tages vergangen sein. Ideen, Gebäude, Städte, Armeen, Religionen, Zivilisationen, alle kreisen auf dem großen Rad des Kommens und Gehens. Die Annahme, dass man selbst davon ausgenommen wäre, ist reine Fiktion.

Sich anderen zuwenden

O die Freude des weiten,
ursprünglichen Mitgefühls!
Walt Whitman: *Grashalme*

Um mit dieser Wirklichkeit und der von ihr hervorgerufenen Angst vollständig ins Reine zu kommen, müssen Sie nicht jahrelang in der Einsamkeit meditieren. Die Menschen in Ihrer Umgebung können Ihre Meditation und die Straßen direkt vor Ihrer Tür Ihr Meditationszentrum sein. Gehen Sie, wenn Sie dieses Kapitel zu Ende gelesen haben, Ihre eigene Runde um den Block, und finden Sie selbst heraus, was dabei mit Ihren Gedanken und Gefühlen geschieht.

Das Ziel des Spaziergangs besteht darin, jeden und alles bereitwillig als vergänglich zu betrachten. Es ist zweckmäßig, sich auf den Spaziergang vorzubereiten, indem man sich auf einen Gedanken oder ein Bild festlegt, mit dessen Hilfe man sich an die Wahrheit der Verwundbarkeit erinnern und darauf konzentrieren kann. Ohne diese Erinnerungshilfe werden Sie feststellen, dass Sie rasch den Grund für Ihren Spaziergang vergessen und sich, so wie ich, von den vielen Menschen und dem Straßenbild ablenken lassen. In den *Frieden-fördern*-Seminaren haben Bonney und ich den Teilnehmern einen Satz mit auf den Weg gegeben, der ihnen helfen sollte, ihre Achtsamkeit zu wahren: Wir forderten sie auf, jede Person, die sie sahen, als »eine Seele, die nur kurz hier ist« zu betrachten. Sie können eigene Worte wählen, um Ihr Bewusstsein auf die Verwundbarkeit jeder vorübergehenden Person auszurichten. Wie man ihn auch formuliert, der Gedanke allein beginnt Ihren Verstand von der unmöglichen Aufgabe zu befreien, die Realität, so wie sie wirklich ist, zu leugnen. Die Erinnerung an Ihre Absicht, und sei es nur für wenige Minuten, reicht aus, um Ihre Transformation einzuleiten.

Meine eigene Gedankenstütze ist das Bild von Maria, weil sie für mich die beiden Seiten der menschlichen Verwundbarkeit repräsentiert. In ihrer Gestalt als Madonna, als junge Mutter, die ihren kleinen Sohn über alles liebt, wie sie in zahllosen Kunstwerken (und auf Tausenden von Weihnachtskarten und Kalendern) dargestellt wird, verkörpert sie für mich die gesamte Liebesenergie der Welt, eine Energie, die wir alle als die Sehnsucht erleben, zu lieben und geliebt zu werden, für andere zu sorgen und selbst Fürsorge zu erfahren, das Leben weiterzugeben und zu pflegen und wachsen zu sehen, kreativ zu sein und Schönheit in unserem Leben zu genießen, die Welt zu einem besseren Ort zu machen und Frieden zu finden. Aber in ihrer Gestalt der *Pietà*, als trauernde Mutter, die ihren erwachsenen Sohn tot in den Armen hält, verkörpert sie das Ende der Dinge – die brutale Tatsache des Liebens und Verlierens, die Vergänglichkeit des Lebens, die Wahrheit der Verwundbarkeit. Ich kann die glücklich liebende Maria nicht von der trauernden Maria trennen: Wenn ich an sie denke, denke ich an beide Seiten dieses Lebens. Es gibt viele Varianten dieser göttlich-weiblichen Darstellung einer gelassenen Annahme des Lebensanfangs und Lebensendes: die Mutter Erde in den Traditionen der amerikanischen Ureinwohner, die universelle Mutter des Hinduismus, die Göttin Gaia der alten Griechen und die buddhistische Kannon (Kuan Yin). Auf meinen eigenen meditativen Runden um den Block begleitet mich das Göttlich-Weibliche als Erinnerung an die Realität.

Wenn Sie in einer Stadt leben, haben Sie ein wunderbares Umfeld für diese Praxis: Sie brauchen nur aus der Tür zu treten und mit Ihrem Gedanken oder Bild im Sinn die Straße entlangzugehen. Wenn Sie in einer weniger dicht besiedelten Gegend leben, müssen Sie sich vielleicht ins Einkaufszentrum oder an einen anderen Ort begeben, wo viele Menschen zusammenkommen. Wenn Sie durch einen Flughafen oder einen größeren Bahnhof gehen können, werden Sie diese Erfahrung besonders aufrüttelnd finden, denn an solchen Orten des Übergangs kreuzen sich die Wege vieler Menschen, die buchstäblich kommen und gehen, kommen und gehen.

Während Sie die Menschen mit diesem Gedanken betrachten, konfrontieren Sie Ihr Bewusstsein immer wieder mit der Tatsache der Verwundbarkeit, und Sie werden allmählich mit dem Gedanken vertraut werden. Im Laufe der Zeit wird er Ihnen erträglicher vorkommen. Vielleicht fällt es Ihnen schwer, manche Menschen in diesem Licht zu sehen. Für mich ist der Gedanke am schmerzlichsten, dass »eine Seele, die nur kurz hier ist«, auch die unschuldigen kleinen Kinder beschreibt, die gerade erst *angekommen* sind. Aber ich muss auch sie einbeziehen, obwohl ich es nur sehr zögerlich tue, denn es ist wesentlich zu akzeptieren, dass es keine Ausnahmen von der Zerbrechlichkeit des Lebens gibt. (Ich hoffe mit jeder Faser meines Seins, dass ich selbst sterbe, bevor ich eines meiner Kinder, meiner Enkelkinder oder eine meiner Nichten sterben sehe, aber meine Hoffnung hat nicht den geringsten Einfluss auf diese Wirklichkeit.)

Treffen Sie Ihre Lehrer

Könnte es ein größeres Wunder geben,
als wenn es uns möglich wäre, einen Augenblick
mit den Augen der anderen zu sehen?
Henry David Thoreau

Zu manchen Leuten, an denen Sie vorübergehen, werden Sie leichter eine Verbindung finden als zu anderen. Sie werden ihre Verwundbarkeit gleich auf den ersten Blick erkennen, denn der sorgenvolle oder ängstliche Ausdruck ist in ihre Gesichter gemeißelt. Bei diesen Menschen ist die Verwundbarkeit schon vor langer Zeit an die Oberfläche gekommen, und jetzt stellt sie eine dauerhafte, vielleicht nicht mehr verkraftbare Wahrheit in ihrem Leben dar. Eventuell leiden sie ständig darunter, sofern sie nicht gerade schlafen – und sogar dann kann es sein, dass ihre Verwundbarkeit sie in ihren Träumen verfolgt und sie nachts um drei Uhr aufwachen lässt.

Andere Leute, denen Sie auf der Straße oder im Einkaufszentrum begegnen, wirken vielleicht nicht verwundbar, aber ziemlich unnahbar, entrückt oder verärgert. Verglichen mit der ersten Gruppe, ist ihre Verwundbarkeit schwieriger zu erkennen, aber genau sie ist der Grund für das distanzierte oder verärgerte Gesicht, das sie der Welt zeigen. Sie können sicher sein, dass die Verwundbarkeit auch in ihnen wirkt, obwohl Sie nichts weiter als Abwehr sehen – die Maske der Unverwundbarkeit, mit der man andere zu überzeugen und vielleicht sich selbst zu täuschen versucht.

Außer den spürbar Besorgten und Verängstigen, den erkennbar Distanzierten und Verärgerten zeigen die meisten Leute, denen Sie unterwegs begegnen, vielleicht überhaupt keine Anzeichen von Verwundbarkeit. Sie verbringen ihre Tage in der Ungezwungenheit des gegenwärtigen Augenblicks, als sei alles in bester Ordnung und als würden sie keinen Gedanken daran verschwenden, dass unser Leben Veränderungen und Verluste garantiert. Bei ihrem Anblick erscheint Ihnen Ihr Gedanke an Verwundbarkeit vielleicht vollkommen sinnlos. Das Leben dieser Menschen mag momentan tatsächlich sicher sein, ihre gegenwärtige Wirklichkeit gekennzeichnet durch positive und schöne Erfahrungen.

Aber manchmal haben Sie doch Gelegenheit zu sehen, wie die Verwundbarkeit an die Oberfläche kommt. Dazu reicht schon eine kleine Irritation in der Nähe – ein streitendes Paar oder ein Mann, der strauchelt und dabei etwas Unverständliches ruft –, und schon sieht man die Veränderung. Ein Gefühl der Bedrohung geht durch die Menge; manche Leute spannen die Kiefermuskeln an und bekommen schmale Augen als Ausdruck ihrer aggressiven Reaktion, während andere die Schultern hochziehen und in einer Haltung instinktiver Abwehr wegsehen. Die zugrunde liegende Verwundbarkeit in uns allen offenbart sich dabei wieder einmal wie von selbst.

Vielleicht begegnen Ihnen auch einige Leute, die ihre Freiheit gefunden haben – sie haben sich ihrer Verwundbarkeit gestellt, haben ihre innere Stabilität gefunden und befinden sich im Einklang mit dem Leben, so wie es ist. Das sind die Weisen, und es wäre wunderbar, wenn man sie aus der Menge herausholen und fragen könnte, wie sie ihre Weisheit erlangt haben. Wenn Sie persönlich solche Leute kennen, dann reden Sie mit ihnen und hören Sie sorgfältig zu, was sie Ihnen zu sagen haben.

Diese Übung inmitten vieler Menschen zu machen ist aus zwei Gründen wichtig. Erstens bekommen Sie dadurch eine Chance, das gesamte Spektrum von Leuten zu sehen – junge und alte, gesunde und kranke, schöne und hässliche, reiche und arme, Menschen verschiedener Rassen und Völker, Personen, die Selbstvertrauen ausstrahlen, und andere, die verängstigt wirken. Sie alle unter dem Aspekt der Verwundbarkeit zu sehen wird Ihnen klarmachen, dass sämtliche Unterschiede zwischen Menschen – alle sozialen Kategorien, die uns scheinbar trennen – hauchdünn und kurzlebig sind. Jeder Mensch, der an Ihnen vorübergeht, wird dadurch zu einer Seele wie Sie selbst – eine weitere Seele in der großen menschlichen Parade mutiger Seelen, die versuchen, wie Sie selbst, mit den immer gleichen Tatsachen des Lebens fertig zu werden.

Der zweite Grund, sich in die Menge zu begeben, ist noch bedeutsamer. Sie bekommen dabei nicht nur die Chance, allen möglichen Leuten zu begegnen, die anders aussehen als Sie selbst, und zu erkennen, dass sich alle gemeinsam in derselben Situation befinden, sondern Sie können auch verinnerlichen, dass diese Menschen alle mit *ihrer eigenen* Verwundbarkeit zurechtkommen müssen, jeder auf seine oder ihre Weise, und dass sie sich alle tief im Inneren genau wie Sie nach einer Antwort auf die unvermeidlichen Lebensfragen nach Veränderung und Verlust sehnen.

Auf diese Weise überbrücken Sie die emotionale Kluft, die zwischen Ihnen selbst und allen anderen Personen bis hin zu Ihrem Lebenspartner besteht. Es ist die eigene Erfahrung unserer innersten Gefühle, die jedem von uns den Eindruck vermittelt, wir seien von allen anderen

Menschen getrennt und allein. Aber wenn ich weiß, dass Sie genauso empfinden wie ich, fühle ich mich Ihnen näher, und wir sind für eine Weile in dieser Welt miteinander verbunden. In einer Menschenmenge oder bei einem Sportereignis, wenn wir alle dasselbe Team anfeuern, fühlen wir uns vorübergehend eins mit allen anderen. Wenn ich dem Patienten in einer Psychotherapie-Sitzung sage, dass ich genauso empfinde wie er, erleben wir einen Augenblick der Verbundenheit.

Nun bitte ich Sie, die emotionale Kluft zu überbrücken, indem Sie mit dem Bewusstsein der Verwundbarkeit mitten durch eine Menge absolut fremder Menschen gehen – je mehr und verschiedenartiger, desto besser. Die Erkenntnis, dass alle diese Menschen genauso empfinden wie Sie selbst – dass es keine Ausnahme von dem gemeinsamen Gefühl der Verwundbarkeit gibt –, wird Sie allmählich von Ihren individuellen Ängsten, die in die Isolation führen, befreien.

Ryans Runde um den Block

Die geringste Veränderung des Menschen wird seine Lebensumstände verändern; die geringste Weiterentwicklung seiner Vorstellungen, die geringste Milderung seiner Gefühle. Und wenn er empfinden könnte, dass jeder andere Mensch ein Selbst ist wie er, mit dem eine Verbindung möglich ist – sollte diese Empfindung auch nur ansatzweise aufkommen, dann würde sie zu den erstaunlichsten Veränderungen der äußeren Umstände führen.
Ralph Waldo Emerson: *Vortrag über den Krieg*

Ryan und ich hatten geplant, eine unserer Sitzungen für seine erste Runde um den Block zu nutzen. Doch er fand schon vorher eine andere Gelegenheit, diese Erfahrung zu machen, nämlich während er eine Sitzung in seiner Firma leitete.

Ryan ließ sich dabei von seinen drei Vizepräsidenten über verschiedene Aspekte des Marketings für Produkte unterrichten, die von Sportstars befürwortet wurden. Diese Sitzungen fanden einmal pro Woche statt und wurden von seiner beeindruckenden Ausstrahlung und der Managerpose beherrscht, die er auch an den Tag gelegt hatte, als er mich zum ersten Mal in meiner Praxis aufsuchte. Seitdem waren wir vertrauter miteinander geworden, und er hatte mir auch seine bescheidenere, verwundbarere Seite gezeigt, aber diese Seite ließ er ganz gewiss niemanden in seiner Firma sehen.

Die Runde um den Block war ihm als ein interessantes und sinnvolles Experiment erschienen, aber er hatte eingewandt, dass er die Leute wahrscheinlich zu kritisch ansehen würde, um die uns allen gemeinsame Verwundbarkeit zu spüren. Folglich war er selbst überrascht, als er aus einer plötzlichen Eingebung heraus begann, jeden seiner Angestellten am Konferenztisch in genau diesem Bewusstsein anzusehen.

Bei Jenna erkannte er es sofort. Oft bewegte sie ihre Lippen ganz leicht, zeigte Ansätze eines versonnenen Lächelns oder vielleicht einer Grimasse, die nie zu einem vollständigen, klaren Ausdruck kamen. Bei ihrer ersten Begegnung hatte Ryan angenommen, sie würde auf diese Weise zeigen, dass sie eine Äußerung von ihm missbilligte, aber jetzt erkannte er, dass es der Versuch war, ihn zufriedenzustellen und zu beschwichtigen. Ihm wurde klar, dass sie im Grunde Angst vor ihm hatte.

Mit Neal war die Sache ganz anders. Während der Sitzung beugte er sich nach vorn über den Tisch und schaute in Ryans Richtung. Als Ryan darüber sprach, wie sie effektiver mit einem ihrer schwierigeren Klienten umgehen könnten, wurden Neals Augen schmaler. Er wirkte so, als sei er bereit aufzuspringen, wie ein Raubier in der Wildnis, das gerade seine Beute erblickt hat, obwohl sie sich im 28. Stockwerk in einem vornehmen Konferenzraum befanden.

Gary war am schwierigsten einzuschätzen. Sein Gesicht wirkte ausdruckslos, was natürlich ebenfalls ein Ausdruck *ist*, aber er hielt seine Emotionen gut dahinter verborgen. Ryan erkannte in Gary das Bild eines Selbst, das sich für unverwundbar hält.

Sie alle saßen nicht am Konferenztisch und diskutierten über Sportler und Turnschuhverkäufe, weil sie glaubten, damit ihre tiefen, kreativen oder spirituellen Bedürfnisse zu erfüllen. Alle drei, das wusste Ryan, waren hier, um Geld zu verdienen, damit sie sich mit Nahrung,

Obdach und anderen Notwendigkeiten des Lebens versorgen konnten. Mit anderen Worten: Ihr Überlebensinstinkt hatte sie an diesen Tisch geführt. Jennas Beschwichtigen, Neals Aggression und Garys Unberührbarkeit waren Strategien, um in Ryans Gegenwart zu überleben.

Ryan dachte an unsere Gespräche über die Runde um den Block, lehnte sich vom Konferenztisch zurück und verfiel in ein für ihn ungewöhnliches Schweigen, während er jeden von ihnen noch einmal mit den Augen der Verwundbarkeit betrachtete. Jenna reagierte wieder mit ihrem verhaltenen Lächeln, Neal mit seiner Körpersprache und Gary mit seinem nichtssagenden Ausdruck.

Mein Gott, dachte Ryan, *wir alle leiden.*

Dieser Gedanke war überhaupt nicht deprimierend. Er ließ in seinem Inneren ein Gefühl der Wärme und Zuneigung für die drei entstehen, und infolge seiner veränderten Stimmung schienen sich alle im Raum zu entspannen. Jennas Lächeln wurde herzlicher, Neil setzte sich bequem hin und legte seine Hände offen auf den Tisch, Gary schaute neugierig und erwartungsvoll. Als Ryan sein Schweigen brach und den ersten Punkt der Tagesordnung ansprach – wie sie einen besonders problematischen Sportler und Klienten beschwichtigen sollten –, sprudelten Ideen hervor, die von Humor und Durchblick zeugten. Statt sich, wie sonst üblich, erst einmal die Unzulänglichkeiten und negativen Aspekte der Vorschläge seiner Mitarbeiter vorzunehmen, ließ Ryan einige ihrer Aussagen auf sich wirken und gewann den Eindruck, dass er eine Menge guter Antworten erhalten hatte.

Durch diese Erfahrung ermutigt, begann Ryan, sein Bewusstsein der Verwundbarkeit häufiger zu praktizieren. Da er weniger Angst und mehr Entspannung empfand, dachte er sogar darüber nach, ein Buch über einen neuen Managementstil zu schreiben, der das Bewusstsein der Verwundbarkeit mit einbezog und den Arbeitsplatz zu einem Ort umgestalten würde, an dem die Menschen etwas miteinander teilen könnten, das weit über ihren Überlebensinstinkt hinausreichte. Die Art, wie er sich fühlte und wie er sein Arbeitsumfeld nun empfand, hatte ihm bewiesen, dass die bewusste Wahrnehmung der Verwundbarkeit tatsächlich eine positive Kraft darstellte. Für ihn war es ein großes Paradox, dass er durch die persönliche Erfahrung und Akzeptanz von etwas, das scheinbar so negativ war, den Weg zu Gefühlen der Zuneigung und Verbundenheit gefunden hatte, die ihm vorher fremd gewesen waren.

Gleichwohl vergaß Ryan sein Bewusstsein der Verwundbarkeit noch oft und kehrte zu seinen alten dominierenden Verhaltensweisen zurück. Für seine Mitarbeiter muss es nervenaufreibend gewesen sein, eine Zeitlang eine positive Veränderung in ihrem Chef zu spüren, während er schon im nächsten Augenblick wieder zu seinem üblichen einschüchternden Verhalten zurückkehrte. Aber denken Sie daran, dass ich bei meiner eigenen Runde um den Block auch nicht bei meiner Absicht bleiben konnte, meine Umgebung im Bewusstsein der Verwundbarkeit zu betrachten, obwohl ich selbst diese Methode entwickelt hatte. Deshalb müssen wir die Runde um den Block als eine regelmäßige Übung ansehen, nicht als eine Technik, die man nur einmal versucht. Wie Sie aus anderen Bereichen Ihres Lebens wissen, kann man sich bestimmte Fertigkeiten nur durch wiederholte Übung dauerhaft aneignen. Dasselbe gilt für die Wahrnehmung der Welt im Bewusstsein der Verwundbarkeit. Nur wenn wir unsere

Umgebung immer wieder auf diese Weise betrachten, kann unser Verstand langsam, aber sicher begreifen, dass wir uns alle gemeinsam in dieser Situation befinden, und nur dann können wir die Befreiung von der Angst erleben, die diese Erfahrung mit sich bringt.

Bisher hat Ryan sein Buch noch nicht geschrieben, aber ich hoffe, dass er es eines Tages tun wird.

Hinwendung zur Natur

Das ewige und alleinige Werden, die gänzliche Unbeständigkeit alles Wirklichen ist eine furchtbare und betäubende Vorstellung. Es gehört eine erstaunliche Kraft dazu, diese Wirkung in das Entgegengesetzte, in das Erhabene und das beglückte Erstaunen zu übertragen.

Nietzsche: *Die Geburt der Tragödie*

Eine überfüllte Straße oder ein Konferenzraum, in dem hoher Arbeitsdruck herrscht, sind nicht die einzigen Orte, an denen sich das Bewusstsein der Verwundbarkeit einüben lässt. Sie können es auch dort vertiefen – und es benutzen, um die Brücke der Verbundenheit zu errichten –, wo kein einziger Mensch in der Nähe ist.

Viele Leute halten sich gerne draußen in der Natur auf. Wenn wir uns eine Weile von den Problemen anderer Menschen und ihren Bedürfnissen befreien, können wir uns als Teil der Schönheit und Ordnung der Natur fühlen. Ein Spaziergang durch den Wald bringt Sie in Kontakt mit der ewigen schöpferischen Kraft des Lebens, mit dem geordneten Kreislauf von Geburt, Wachstum, Verfall, Tod und neuer Geburt, dessen Abfolge Sie rundherum an

Blättern und Rinden, Sträuchern und Knospen, Vögeln und Insekten, Erde und Wasser erkennen.

Aber um diese bewusste Wahrnehmung in Ihrem Inneren zu wecken, brauchen Sie nicht einmal durch den Wald zu gehen; sogar ein kleiner Garten reicht dafür aus. Bonney und ich hatten einen von uns sehr verehrten Lehrer, den Psychiater Dr. Roberto Assagioli, der es liebte, sich in den Garten hinter seinem Haus in Florenz zurückzuziehen. Natürlich haben wir uns diesen Garten als eine spektakulär gestaltete Landschaft mit Blumen und Skulpturen vorgestellt. Aber als wir schließlich nach Florenz reisten und Robertos Garten besuchten, fanden wir ein winziges Fleckchen Erde hinter seinem Haus, das von allen Seiten durch die hohen Zäune seiner Nachbarn eingeschlossen wurde. Ja, ja, erzählten uns die Kollegen aus Florenz, Roberto saß oft stundenlang auf diesem kleinen Fleckchen Erde und schaute um sich, voller Freude und Zufriedenheit.

In jedem noch so kleinen natürlichen Raum, und sei es nur ein winziger Streifen zwischen den hohen Häusern einer Großstadt, lässt sich die universelle Wahrheit von Veränderung und Verlust beobachten. Geburt, Wachstum, Verfall, Tod – auf jedem Fleckchen Erde können Sie sehen und darüber nachdenken, wie sich das Rad des Lebens dreht. Vielleicht herrscht da, wo Sie sich jetzt aufhalten, gerade der Herbst mit seiner Kargheit oder der Winter mit seiner Nacktheit, und Sie können keine Anzeichen der Geburt oder des Wachstums in der Natur erkennen. Sichtbar sind nur noch die letzten Überbleibsel von vertrockneten und verwitterten Pflanzen. Aber Sie wissen, dass sich die Samen unsichtbar in der Dunkelheit der Erde zum Keimen und zur Geburt bereit machen.

Sobald diese Geburt unterhalb der Oberfläche stattgefunden hat, werden Sie das nächste Stadium des Wachstums sehen: Die neugeborenen Schößlinge bahnen sich ihren Weg nach oben und brechen durch die Erdoberfläche. Die dünnen grünen Stängel werden dicker, Blätter beginnen zu sprießen, und dann zeigen sich die Knospen und verwandeln sich in Blüten, die sich ihrerseits wieder in kleine grüne Kugeln verwandeln. Im Laufe der Zeit werden die kleinen Kugeln größer und nehmen eine kräftige rote Farbe an, und eines Tages hängt am Strauch eine wunderschöne reife Tomate in der Sommersonne. Der unsichtbare Same, der seinen Lebenszyklus unter der Erde begann, offenbart seinen Lebenszweck – zu werden, was er sein sollte.

Und dann, auf dem Gipfel des Wachstumsprozesses, wird die Tomate überreif und fällt vom Strauch. Vielleicht trägt dieselbe Pflanze noch einige Knospen, aus denen Blüten und Früchte werden, während andere Früchte schon in einem frühen Stadium des Verfalls auf dem Boden liegen. Diese verfaulenden Tomaten haben immer noch Samen und Saft in ihrem Inneren, und ihre Haut ist immer noch leuchtend rot, aber sie wachsen nicht mehr.

Wenn der Herbst kommt, befinden sich die ungepflückten Tomaten, die vom Strauch gefallen sind, auf dem Boden im fortgeschrittenen Prozess des Verfalls. Ein paar Monate später werden sie im kalten Winter geschrumpft und nicht mehr erkennbar sein, keinen Saft, keine Farbe und kein wahrnehmbares Leben mehr haben. Aber wir wissen, dass sie ihre Samen in die Erde gelegt haben, damit sie unterirdisch wiedergeboren werden können.

Wenn Sie im Garten sitzen, könnte eine Mücke geflogen kommen, die Sie stechen will. Diese Mücke lebt vielleicht nur einen Tag und der Zugvogel hoch über Ihnen vielleicht ein Jahr. Ein sonniger Himmel wird von dunklen Wolken abgelöst, und auf die schwüle Hitze, in der sich kein Lüftchen regt, folgt der Wind als Vorbote eines Sturms. Nichts bleibt, wie es ist; alles verändert sich, durchläuft Stadien und Phasen, die sichtbar oder gar nicht wahrnehmbar sind, und alles, was für Sie existiert, einschließlich Ihrer besten Ideen und schönsten Pläne, dreht sich auf dem großen Rad des Kommens und Gehens.

Wenn Sie die Natur auf diese Weise betrachten, fühlen Sie sich unmittelbar und bedingungslos verbunden mit der Welt, wie sie ist. Da gibt es nichts zu bedenken oder herauszufinden. Die Natur fordert nichts von Ihnen und braucht Sie auch nicht. Sie weiß, was sie zu tun und wie sie zu sein hat. Die Jahreszeiten kommen und gehen, und ihre zahllosen Veränderungen geschehen aus eigenem Antrieb, gelenkt von einer unsichtbaren inneren Ordnung – einer Ordnung, die auch Sie lenkt.

Jenseits Ihres Namens, Gesichts und Körpers, Ihrer Familiengeschichte und ethnischen Herkunft, Ihrer gesellschaftlichen Stellung, Ihrer Bildung und aller anderen wahrnehmbaren Eigenschaften, die Sie von anderen Menschen unterscheiden, bleibt als Quintessenz Ihrer Wirklichkeit die Tatsache, dass Sie ein Geschöpf sind, das Teil der Schöpfung ist. Sie leben unter denselben Bedingungen wie alle anderen Geschöpfe auf diesem Planeten; Sie unterliegen denselben Veränderungen und demselben Kreislauf des Lebens.

Sind Sie von Gott geschaffen worden? Oder sind Sie ein Zufallsprodukt der Evolution? Es sind endlose Debatten über den Ursprung der Menschheit geführt worden, und es wird sie auch weiterhin geben. Was Sie mit Sicherheit wissen können, ist dies: Als Geschöpf sind Sie untrennbar mit der Schöpfung verbunden; Sie waren es immer und werden es immer sein. Nie gab es eine Zeit oder wird es eine Zeit geben, in der Sie nicht Teil der Schöpfung sind. Diese unauflösliche Verbindung ist Ihr Einssein mit allem Leben, und wir werden auf unserem weiteren Weg immer wieder darauf zurückkommen. Dieses Einssein waren Sie, bevor Sie anfingen, irgendetwas im Leben zu fürchten, und das sind Sie immer noch, eine Identität, die viel tiefer reicht als Ihre Ängste. So wie die Natur wissen auch Sie, was Sie zu tun und wie Sie zu sein haben.

Der Angst Zuneigung entgegenbringen

Solch elend Leben müssen
die trüben Seelen jener Menschen führen,
die ohne Lob und ohne Schande lebten …
Sie haben keine Hoffnung, je zu sterben,
und also niedrig ist ihr blindes Leben,
dass sie ein jedes andre Los beneiden.

Dante: *Inferno*

Bisher ging es darum, die bewusste Wahrnehmung der Verwundbarkeit einzuüben, indem Sie nach außen geblickt und andere Menschen oder die Natur betrachtet haben. Jetzt ist es Zeit, den Blick nach innen zu lenken und dabei Ihre eigenen Ängste aus der Nähe und mit Zuneigung zu betrachten.

Ein liebevoller Blick auf die eigenen Ängste? Das muss Ihnen seltsam vorkommen. Angst ist das Letzte, das irgendjemand von uns fühlen möchte, und wenn wir sie fühlen müssen, dann hoffen wir, dass sie so schnell wie möglich verschwindet und nicht zurückkehrt. Aber die Angst und der Überlebensinstinkt, der sie aufkommen lässt, sowie die Verwundbarkeit, die diesen Überlebensinstinkt weckt, werden immer ein Teil unserer Erfahrungen sein. Es bleibt uns selbst überlassen, wie wir damit umgehen wollen.

Sie wissen, dass Ihr Überlebensinstinkt sich manchmal meldet, um Sie vor einer aktuellen Gefahr zu warnen. Aber gelegentlich schlägt er auch auf eine Weise Alarm, die in keinem Verhältnis zur tatsächlichen, direkten Bedrohung steht. Das geschieht, weil er Ihre Verwundbarkeit kennt, aber nicht genau zwischen echten und eingebildeten Bedrohungen unterscheiden kann. Ihr Überlebensinstinkt will Sie nicht von einem glücklichen Leben abhalten; er versucht lediglich, Ihr Leben zu erhalten, damit Sie Ihre Bestimmung erfüllen können. Er alarmiert Sie nicht grundlos, sondern reagiert auf die nackte Tatsache, dass in Ihrem Leben jeden Augenblick Veränderungen und Verluste eintreten können. Ihr Ego hat gewaltig daran gearbeitet, diese Tatsache zu unterdrücken und zu leugnen, aber Ihr Überlebensinstinkt hält trotzdem daran fest. Während Ihr Ego aus dem Haus schaut und eine rosige Zukunft erblickt, verharrt Ihr Überlebensinstinkt im hinteren Teil des Hauses und sieht von dort eine Flut herannahen.

Sich den eigenen Ängsten liebevoll zuzuwenden ist eine Möglichkeit, Ihrem Überlebensinstinkt Anerkennung und Wertschätzung dafür zu zeigen, dass er Überstunden macht, um Sie zu schützen. Aber wenn Sie Unruhe, Sorgen oder Angst empfinden, dann müssen Sie sich zunächst fragen, ob es eine tatsächliche körperliche Bedrohung gibt. Wenn ja, werden Sie auf die Warnsignale reagieren, um die Gefahr zu meiden. In den meisten Situationen gibt es jedoch keine tatsächliche Bedrohung. Dann können Sie sich Ihren Ängsten zuwenden und ihnen herzlich für ihre Fürsorge danken.

Meine Patientin Catherine war eine junge Frau, die von ihrer Angst fast gelähmt wurde. Sie wagte es nicht, sich auf eine Liebesbeziehung einzulassen, sehnte sich jedoch gleichzeitig nach einem Partner, mit dem sie gemeinsam durchs Leben gehen konnte. Ihr Denken wurde generell behindert durch Unentschlossenheit, Fluchtfantasien und gelegentliche hochfliegende Pläne, die sie aber nicht in die Tat umsetzte. Als ich ihr zum ersten Mal den Rat gab, ihren Ängsten Zuneigung entgegenzubringen, reagierte sie ungläubig. Ihre Ängste ruinierten ihr Leben – wie konnte sie ihnen mit herzlichen Gefühlen begegnen? Ich bat sie, es trotzdem zu versuchen und die Ergebnisse abzuwarten.

Quälende Gedanken waren für Catherine eine besonders suggestive Form der Angst, und diese quälenden Gedanken drehten sich oft um einen Mann, für den sie sich interessierte. *Was meinte er, wenn er sagte, sie sollten in Verbindung bleiben? Sollte sie ihn zuerst anrufen? Wie würde er das aufnehmen? Nahm er vielleicht heimlich Drogen wie der letzte Mann, zu dem sie sich hingezogen gefühlt hatte? Würde sie das vielleicht erst herausfinden, wenn sie sich schon zu weit mit ihm eingelassen hatte? Wie konnte sie das wissen?* Sie hatte eine bemerkenswerte Fähigkeit, sich genau an die einzelnen Gedanken und deren anhaltende Wirkung zu erinnern, und so beschlossen wir, dass sie sich bei ihrer neuen Übung, ihren Ängsten mit Zuneigung zu begegnen, zunächst auf diese Gedanken konzentrieren sollte.

Ich wusste, dass wir uns damit auf eine große Herausforderung einließen. Solche Sorgen sind deshalb so verführerisch, weil wir glauben, wenn wir uns über etwas lange genug Sorgen machen, dann werden wir schließlich eine Antwort finden. Das gelingt natürlich nicht, denn Sorgen sind eine Manifestation unseres auf Furcht basierenden Überlebensinstinktes – alles, was dabei herauskommen kann, ist noch mehr Furcht. Unser Überlebensinstinkt interpretiert die Welt als eine Bedrohung, und so kann er uns nur Informationen über sämtliche Bedrohungen liefern, die uns Anlass zur Besorgnis geben.

Um ihre neue Übung zu untermauern, nutzten Catherine und ich einen Teil unserer Sitzungen dazu, still beieinanderzusitzen und auf irgendeine Art von Angst zu warten, wozu auch quälende Gedanken gehörten, die ihr in den Sinn kommen mochten. Es war eine Art Meditation über das Aufkommen von Angst.

»Ups, da kommt der erste«, sagte sie.

»Was denn?«

Sie lachte. »Ich mache mir Sorgen darüber, ob ich diese Meditation richtig mache.«

»Okay, gut«, erwiderte ich. »Und jetzt zurück zur Meditation und abwarten, was als Nächstes kommt.«

Der nächste Gedanke kam gleich danach: »Ich mache mir Sorgen, dass ich dies hier nicht so gut wie andere Leute mache und dass Sie mich für eine Versagerin halten müssen.«

Ich forderte sie auf, sich diesem quälenden Gedanken zuzuwenden, ihm dafür zu danken, dass er sie zu schützen versuchte, und dann abzuwarten, was geschehen würde. In dem Moment, als sie ihrer Angst dankte, spürte sie, wie sich ihre Schultern entspannten. Also wurde nicht nur ihr sorgenvoller Gedanke unterbrochen, sondern auch ihr Körper von den durch Sorgen hervorgerufenen Verspannungen befreit.

Bevor Catherine diese Übung in ihren Alltag übernehmen konnte, waren einige Anpassungen nötig. Sie freute sich, dass sie jetzt Zeit sparte, die sie sonst ihren sorgenvollen Gedanken gewidmet hätte, aber nun stand sie vor einer neuen Hürde: Sie machte sich Sorgen, ob diese Praxis als solche eine gute Idee war. Wenn sie sich nicht mehr genügend Sorgen machte, dann würde sie, so ihre Befürchtung, vielleicht auch ernste Probleme ignorieren, über die sie sich tatsächlich Sorgen machen sollte. Um ihre Zweifel abzumildern, beschloss sie, von Zeit zu Zeit damit zu experimentieren, dass sie den Sorgen erlaubte, sie in ihre Richtung zu ziehen.

Es öffnet Ihnen die Augen, wenn Sie auf diese Weise der Angst erlauben, Ihre Gedanken zu beherrschen: Erinnern Sie sich an mein Erlebnis um drei Uhr nachts in Paris. Da Catherine vor allem morgens vor der Arbeit besonders anfällig für Sorgen war, führte sie ihr Gedankenexperiment am Frühstückstisch durch. Sie musste nicht lange warten, bis die Sorgen ihr dort Gesellschaft leisteten, und sie erlaubte ihnen, sie zu führen, wohin sie wollten. Ihr erster Gedanke galt dem Berg von Arbeit, der sie auf dem Schreibtisch in ihrem Büro erwartete. Andere Sorgen stellten sich in rascher Folge ein: dass sie die Arbeit nicht schaffen würde, dass sie ihre Mittagspause opfern müsste, dass sie am späten Nachmittag in Panik geraten würde …

Sie konnte das Experiment nicht fortsetzen. Sie bekam Bauchschmerzen davon, und ihr Frühstück wurde kalt. Und so empfand sie die Sorgen, die ihr vor einigen Wochen noch ganz vertraut gewesen waren, plötzlich als etwas Fremdes. Sie erkannte darin ein Gedankenmuster, aber es war nicht mehr mit ihr identisch. Sie dankte den Sorgen für ihren Versuch, sie zu schützen, versicherte sich selbst, dass die Arbeit, die sie erwartete, zwar langweilig war, aber im Grunde aus einfachen Routineaufgaben bestand, und genoss den nächsten Schluck Tee.

Natürlich wird Catherine sich weiterhin Sorgen machen – genau wie ich und Sie, egal wie viel wir üben –, aber sie hatte eine außerordentlich wertvolle Lektion gelernt: Jetzt erkannte sie in dem auf Furcht basierenden Denken den eingeschränkten Gebrauch ihrer Intelligenz, den es tatsächlich darstellt. Angst beginnt mit Gedanken, die uns wirklich wichtig erscheinen, und mit Dingen, die es wert sind, sich darüber Sorgen zu machen, aber sie erzeugt immer mehr Gedanken, Gefühle und körperliche Empfindungen, die den angstbesetzten Anfangsgedanken unterstützen. Das ist unser Überlebensinstinkt, der mit uns spricht, und er benötigt *unsere* Hilfe.

Wann immer also irgendeine Art von Angst auftaucht, begegnen Sie ihr mit Zuneigung, danken Sie ihr schweigend und warten Sie ab, was geschieht. Das ist eine stille, einfache Übung. Sie wirkt ganz subtil und kann die Art und Weise, wie sich das Leben anfühlt, völlig verändern. Wenn Sie Ihre Angst in diesem Sinne geschickt behandeln, entfaltet sich die Liebe zum Leben ganz natürlich in Ihrem Bewusstsein. Sie war immer vorhanden, hat darauf gewartet, dass sie stärker wahrgenommen wird, und nun geben Sie ihr Raum.

Die Entfaltung der Liebe

Die Liebe beschwichtigt im Nu
alle negativen Regungen des Geistes.
Der Dalai Lama

Der Grundsatz des Weges, wie ich ihn bisher dargestellt habe, besteht in der bewussten Entscheidung, jedes Leugnen aufzugeben und sich für die Wahrheit zu öffnen, dass wir alle verwundbar sind. Indem Sie Ihr Denken auf eine grundlegende Tatsache des Lebens ausrichten, die wir alle lieber vergessen würden, beginnen Sie damit, etwas als normal zu betrachten, das zuvor eine verborgene Ursache von Schmerz und Angst war.

Aber wenn die Vorstellung, dass Verwundbarkeit normal ist, das einzige Ergebnis wäre, dann würde ich Sie nicht zu dieser Praxis ermutigen: Sie könnten glücklicher sein, wenn Sie Ihre Verleugnung so lange wie möglich aufrechterhielten. Wodurch diese Übung wertvoll und ein Schritt auf dem Weg zu Ihrem vollen spirituellen Potenzial wird, ist ein anderes Ergebnis, zu dem das Bewusstsein der Verwundbarkeit Sie führt: Die Brücke der Verbundenheit, die Sie errichten, und das Gefühl des Einsseins, das aufsteigt, wenn Sie sich in einer Menschenmenge oder allein in Ihrem Garten befinden oder auch nur still Ihren Gedanken nachhängen, lässt allmählich eine neue Art von Liebe in Ihnen wach werden.

Ich sage »neu«, weil die Liebe, die in Ihnen erwacht, zwar immer ein Teil von Ihnen war, aber so lange in Ihnen geschlummert hat, dass Sie sie vielleicht gar nicht erkennen. Die Art von Liebe, an die Sie sich in Ihrem Leben gewöhnt haben – ich würde sie als »Liebe mit Vorbehalt« bezeichnen –, hat schon vor langer Zeit die *bedingungslose* Liebe ersetzt, die ich meine.

Liebe mit Vorbehalt bedeutet, jemanden wegen der Art und Weise zu lieben, wie er oder sie uns behandelt, oder einen Augenblick in der Natur zu lieben, weil die untergehende Sonne alles in ein interessantes Licht taucht: Diese Liebe ist die Reaktion auf eine bestimmte Bedingung. Bedingungslose Liebe erwächst aus der schlichten Tatsache, dass wir ein Teil der Schöpfung sind und in dieser Welt leben. Sie ist die Art von Liebe, die der islamische Mystiker und Dichter Rumi meinte, als er das Ziel der Spiritualität als »gegenstandslose Liebe« bezeichnete. Umgangssprachlich nennen wir sie einfach Liebe zum Leben. Diese Liebe ist eine Kraft der Natur, und wir alle haben sie in uns; sie ist uns angeboren wie der Überlebensinstinkt. Sie beruht nicht auf irgendwelchen Bedingungen, sondern *ist* einfach da.

Wenn diese bedingungslose Liebe erwacht und nicht mehr durch Angst behindert wird, dann gibt es nichts mehr zu suchen. Wenn sie Ihre Gedanken, Ihre Gefühle und Ihren Körper erfüllt, gibt es keine Fragen mehr. Konflikte sind beigelegt, Gegensätze fallen in sich zusammen, die Trennung endet. Was immer Sie sich sonst noch gewünscht haben mögen, jetzt ist es bedeutungslos. Fragen, Konflikte, Trennungen und Wünsche existieren nur im Zustand der Angst. Unsere bedingungslose Liebe zum Leben löst sie auf.

Und darin liegt der Schlüssel zu dem »realistischen« spirituellen Weg, den wir in diesem Buch aufzeigen wollen. Bonney und ich lehren Sie einen Weg, der auf den nackten Tatsachen basiert, die ausnahmslos für jedes Leben gelten, und dieser Weg führt Sie direkt zu den beiden Seiten Ihrer Natur – der Liebe zum Leben und der Angst vor dem Leben –, die den Kern Ihrer spirituellen Praxis bilden. Ihre angeborene Liebe zum Leben mit ihrem grenzenlosen Potenzial für Verbundenheit und Freude ist in einen stillen Kampf verwickelt mit Ihrer angeborenen Furcht vor dem Leben und deren grenzenlosem Potenzial für Ängste, Zorn, Sorgen und Regungen der Kontrolle oder Flucht. Das Wesen der Weisheit besteht für uns darin, dass wir lernen, geschickt mit diesen Ängsten umzugehen und unsere Verwundbarkeit als Tor zur großen Liebe in unserem Inneren zu nutzen. Um diese Weisheit zu ergänzen, können Sie beliebige Philosophien, Symbole und Rituale hinzunehmen; Bedeutung erlangen sie aus unserer Sicht, wenn sie Ihnen als Erinnerung an den elementaren Kampf in Ihrem Inneren dienen und Ihnen helfen, auf dem Weg zu der Liebe weiterzugehen, die Sie bei Ihrer Geburt mit in diese Welt gebracht haben.

Bedingungslose Liebe

Der Geist, der von Natur zum Lieben neiget,
naht allen Dingen gern, die ihm gefallen,
sobald das Wohlgefallen ihn erwecket.
Aus Wirklichkeit ersteht euch im Verstande
die Vorstellung, die er in euch entfaltet,
sodass der Geist nunmehr sich darauf wendet.
Dante: *Purgatorio*

Wie kommt es, dass unsere angeborene Liebe zum Leben sich in Bedingungen verfängt? Wie findet die Angst dort ihren Eingang? Schauen wir uns an, auf welchem Weg diese beiden angeborenen Elemente in unserem Inneren sich in einen solchen Kampf verwickeln.

Als Kinder waren wir alle emotional weit offen. Oft reichte es, dass ein Sonnenstrahl auf die Wand traf, und schon blieben Sie abrupt stehen und starrten darauf, als sei das die erstaunlichste Sache der Welt. Dann entdeckten Sie, dass Sie Schatten an der Wand erzeugen konnten, wenn Sie Ihre Finger in den Lichtstrahl hielten, und staunten noch mehr darüber. Aber irgendwann schreckte Sie jemand aus dem Staunen über das Licht auf – vielleicht eine ärgerliche Stimme, vielleicht eine unfreundliche Berührung –, und Ihre Offenheit begann sich in die Angst zu verwandeln, dass gleich etwas Schlimmes geschehen würde.

Wenn Sie sich nicht an Ihre eigene kindliche Offenheit erinnern können, dann können Sie sie jetzt, als Erwachsener, in den Augen eines Kindes wiederfinden. Dort erkennen Sie die Unschuld, die Ihren Blick völlig ungeschützt erwidert. Vielleicht gibt es in unserem Leben als Erwachsene keine Errungenschaft, die sich mit der schlichten Art und Weise vergleichen lässt, wie ein Kind eins mit dem Leben ist. Aber es gibt auch keinen größeren Schmerz, als mit anzusehen, wie diese Offenheit sich in ein riesiges klaffendes Tor verwandelt, durch das die Furcht Einzug hält.

Als Kind haben Sie schnell gelernt, sich zu schützen und Verteidigungswälle zu errichten. Der Weg führt vom Einssein zur Wachsamkeit, und Sie haben sorgfältig Ihre Eltern beobachtet, um festzustellen, was ihnen ein Lächeln entlockt und was sie ärgert. Die Anpassung geschieht allmählich oder hastig unter Druck, je nachdem, ob ein Kind in einem sicheren, stabilen Elternhaus oder in einer Umgebung aufwächst, die durch Unvorhersehbarkeit und Gewalt gekennzeichnet ist. Schließlich werden aus Kindern Jugendliche, die ihre Abwehrmechanismen verfeinern, und die Muster verfestigen sich.

In einer Zeit voller emotionalem Aufruhr versuchen wir als Teenager, uns eine Identität aufzubauen, ein gewisses Selbstbild, das zum Teil darauf beruht, wie wir uns fühlen, und sich zum Teil aus den Reaktionen anderer Menschen auf uns ergibt. Wir sind jetzt in der weiten Welt angekommen. Jenseits der Grenzen unserer Familie bilden Gleichaltrige und Erwachsene aus dem sozialen Umfeld unsere neue Wirklichkeit. Wir stehen neuen Situationen und neuen Herausforderungen gegenüber, werden aufgefordert, uns als jemand zu präsentieren, der in diese Welt passt und in ihr funktioniert. Um all das zu tun, brauchen wir Schutz.

Gleichzeitig gehen wir als Teenager aber auch von der ungeprüften Annahme aus, dass wir unverwundbar und unsterblich sind. Manchmal lassen wir uns auf aberwitzige Risiken ein, weil wir nicht eine Sekunde daran glauben, dass uns irgendetwas Schlimmes passieren könnte, und unsere glückselige Unkenntnis der wahren Tatsachen des Lebens erlaubt uns, andere mit verblüffender Selbstsicherheit zu beurteilen, vor allem die gesamte Welt der Erwachsenen. Als Teenager sind wir ein wandelnder Widerspruch aus einem großen, schutzbedürftigen Kind und einem unsterblichen Riesen, der verächtlich auf die Welt der Erwachsenen herabblickt.

Nach der Schule suchen wir uns eine Arbeit oder einen Studienplatz, und in beiden Fällen müssen sich die Widersprüche allmählich abschleifen, damit wir anderen eine bestimmte Identität präsentieren können. Jetzt haben wir ein Selbstbild: jemand, der schnell wütend wird; jemand, der am besten denken kann, wenn er etwas getrunken hat; jemand, der schwer zu durchschauen ist; jemand, der sich Zuneigung wünscht oder sich distanziert gibt, weil er oder sie andere Leute nicht braucht. Dann sagen wir: »So bin ich.« Aber in Wirklichkeit sind das gar nicht wir, sondern die Muster, die wir entwickelt haben, um uns und unsere grundlegende Verwundbarkeit zu schützen.

Natürlich ist jeder Mensch mehr als seine Muster. Wir lernen immer noch Neues und machen neue Erfahrungen. Und was am wichtigsten ist: Unsere bedingungslose Liebe zum Leben steckt immer noch in uns und wartet darauf, dass wir sie wieder erwecken. Das kann sogar dann geschehen, wenn wir meinen, sie sei für immer verschüttet, und es kann von einem Augenblick auf den nächsten geschehen.

Das Wiedererwachen der Liebe

Wirkliche Handlung vollzieht sich
in stillen Augenblicken, in einem Gedanken,
der unsere gesamte Lebensweise revidiert.
Ralph Waldo Emerson: *Essays*

Als George sechs Jahre alt wurde, ließ sich nicht mehr übersehen, dass er anders war. Er spielte nicht so, wie Jungen es gewöhnlich tun. Sein Vater, ein Alkoholiker, mochte diesen Unterschied nicht und verhöhnte George deswegen. Sein Bruder tat es dem Vater gleich, um sich bei ihm einzuschmeicheln und selbst nicht zur Zielscheibe seiner gefürchteten Wutausbrüche zu werden. Die Mutter der Jungen, die ebenfalls den Zorn ihres Mannes fürchtete, begann George zu schlagen, sobald sie sah, dass er etwas tat, das sein Vater missbilligen würde.

Als George ins vierte Schuljahr kam, war der Schaden angerichtet. Seine Muster von Furcht und Selbstschutz waren geprägt. George erinnerte sich lebhaft an den Augenblick, als seine Lehrerin die Hand hob, um ihre Brille gerade zu rücken, und er von seinem Sitz aufsprang, weil er sicher war, dass sie ihn schlagen wollte. Die Lehrerin sah ihn an, als würde etwas mit ihm überhaupt nicht stimmen, und zu diesem Zeitpunkt war er selbst fest davon überzeugt. Die anderen Schüler lachten ihn aus, und so fühlte er sich noch mehr gedemütigt.

Im Alter von 13 Jahren wusste George, was anders an ihm war. Er fing an, für Jungen aus seine Klasse zu schwärmen. Noch hatte er keinen Namen für seine Sexualität, aber seine Klassenkameraden begannen, ihn eine Schwuchtel zu nennen. Weder zu Hause noch in der Schule gab es für ihn einen Ort, wo er Zuflucht vor Gewalt und Demütigung hätte finden können.

Ein Jahr später hatte er eine Antwort auf seinen Schmerz gefunden. Viele Menschen, die süchtig werden, erinnern sich genau an den Moment, in dem sie sich plötzlich »normal« fühlten, vollkommen in Ordnung, dank Alkohol oder Drogen. George erinnerte sich an den Tag, an dem er eine Flasche Whiskey aus dem Schrank seines Vaters holte und den ersten brennenden Schluck trank. Danach versorgte er sich regelmäßig heimlich aus den Vorräten seines Vaters, und wenig später nahm er auch Tabletten aus dem Medizinschrank seiner Mutter.

Obwohl er fast jeden Tag angetrunken war, schloss George allein aufgrund seiner Intelligenz die Highschool ab und schrieb sich an einem örtlichen College ein. Um die Tablettenvorräte seiner Mutter wieder auffüllen zu können und eine falsche Identität für den Kauf von Alkohol und Geschäfte mit den Drogendealern auf dem Campus zu haben, begann George eine zuverlässigere Quelle zu pflegen: die Ärzte. Bis zum Ende seines Studiums hatte er gelernt, fast jeden Arzt davon zu überzeugen, dass er ein Rezept für angstlösende Medikamente, Schmerzmittel oder Schlaftabletten brauchte. Irgendwann hatte er vier verschiedene Ärzte, die ihn mit Rezepten versorgten, und vier verschiedene Apotheken, wo er diese Rezepte einlöste.

Mit 31 Jahren begann George ein Therapieprogramm für Suchtkranke. Wegen hitziger Streitereien mit seinen Arbeitskollegen hatte er seinen zweiten Job in Folge verloren. Die Wut, die missbrauchte Kinder so oft empfinden, brach mehr und mehr aus ihm heraus, und die Tabletten wie auch der Alkohol brachten ihm keine Erleichterung mehr. Er hatte das Stadium erreicht, in dem er Drogen gegen die Gefühle nahm, die der Gebrauch von Drogen bei ihm auslöste. Der ursprüngliche emotionale Schmerz war schon längst unter seiner Sucht begraben.

Als er das Therapieprogramm einen Monat später beendete, war er clean und nüchtern, aber völlig pleite. Ihm blieb keine Wahl: Entweder er kehrte zu seiner Familie zurück, oder er würde auf der Straße leben müssen. Sein Vater war zwei Jahre zuvor gestorben; sein Bruder hatte geheiratet und war weit weggezogen, und es hieß, er sei ebenfalls ein Alkoholiker. Seine Mutter lebte nun allein im Haus, und George zog recht verzweifelt bei ihr ein.

Er war wieder dort, wo man ihn gequält hatte, aber wie die vorher erwähnten ehemaligen Süchtigen versuchte er nun, sich seiner Angst ohne Tabletten oder Alkohol zu stellen. Er saß im Keller, oft in der Dunkelheit, und fragte sich, auf welche Weise er sich umbringen sollte. Er schämte sich eigentlich zu sehr, um zu den Treffen der Anonymen Alkoholiker zu gehen, wie es ihm seine Berater in der Therapie dringend empfohlen hatten, aber schließlich war er so verzweifelt, dass er doch dorthin ging. Dann weckte ein einziger stiller Moment wieder seine Liebe zum Leben und zeigte ihm klar den Weg, auf dem er die benötigte Hilfe bekommen würde. Als George mir von diesem Augenblick des Einsseins berichtete, sah er aus wie ein furchtloses Kind mit großen Augen.

Es passierte in einer ganz alltäglichen Situation. Als er eines Morgens den Müll zum Container brachte, kam eine Nachbarin, die er nicht besonders gut kannte, mit ihrem Hund vorüber. Die Frau schaute George direkt in die Augen und sagte »Hallo«. Dann ging sie weiter die

Straße entlang, dicht gefolgt von ihrem Hund. Während George ihnen nachsah, empfand er die Szene als angenehm, richtig und liebevoll. Das Sonnenlicht, das durch die Bäume fiel, die Kameradschaft und Gelassenheit, mit der Frau und Hund dahergingen, die Geräusche des frühen Morgens, während sich die Nachbarn für den kommenden Tag bereit machten – das alles ließ George vor Erregung erschauern, als sei tief in seinem Inneren etwas erwacht, das sich nun zu bewegen begann. Er wollte leben, er wollte sich bessern, und er wollte herausfinden, was das Leben für ihn bereithielt.

Während wir unseren Weg fortsetzen, werden Sie noch mehr Leute kennenlernen, die das Wiedererwachen der Liebe erlebt haben. Sie werden etwas über die verschiedensten Bedingungen erfahren, die diese Liebe in ihnen aufsteigen ließ, und Sie werden sehen, dass die Verwandlung der Angst stets ein Teil dieser Erlebnisse ist.

Teil III
Jenseits der Angst

Das Skelett in der Kirche

Würden die Pforten der Wahrnehmung
gereinigt, erschiene dem Menschen
alles, wie es ist: unendlich.
William Blake: *Die Hochzeit von Himmel und Hölle*

Während ich Hand in Hand mit meiner kleinen Enkelin zum Teich hinunterging, hatte ich keine Ahnung, dass eine alte Art und Weise, das Leben zu betrachten, beinahe ausgestorben wäre.

Gerade als wir am Wasser ankamen, schwammen zwei weiße Enten mit orangefarbenen Schnäbeln, gefolgt von fünf flaumigen Entenküken, vorüber. Da ich neugierig war, ob meine Enkelin wusste, wie Enten heißen, fragte ich sie: »Was ist das?«

Mit einem Lächeln in den Augen wandte sie sich mir zu und flüsterte, als sei es ein Geheimnis, das nur für uns beide bestimmt war: »Das sind meine Freunde.«

Eine tiefinnere Bewegung stieg in mir auf, und warme Tränen füllten meine Augen. Meine Enkelin schaute mich verwundert an und wandte ihre Aufmerksamkeit dann wieder ihren Freunden zu. Während ich ihr kleines Profil betrachtete, verschwand in mir jeder negative Gedanke, alle Trauer und jeder Zorn über das Leben, und wurde weggeschwemmt. Das Wasser im Teich glitzerte, und die Enten trieben vorbei.

Wir saßen dort eine ganze Weile, schweigend, beobachtend, eine Dreijährige, die mir beibrachte, wieder zu sehen. Als die Sonne hinter den Wolken verschwand und die Luft kühl wurde, verließen wir den Teich und machten uns auf den Weg zu einem Café. Meine kleine Lehrerin wurde irgendwann müde, und so nahm ich sie auf den Arm und trug sie das letzte Stück.

Der Inhaber des Cafés, ein Mann aus Bosnien, dessen dunkle, sanfte, sorgenvolle Augen direkt durch einen hindurchblicken, begrüßte uns an der Tür, servierte mir dann meinen gewohnten Cappuccino und legte für meine Enkelin den üblichen Keks mit Schokoladenstückchen auf einen Teller. Während wir an unserem Fenstertisch saßen und in den jetzt grauen Tag hinausschauten, wurde mir klar, dass ich mich im Paradies befand.

Dieses Paradies, dieses Einssein mit allem Leben, gehört Ihnen schon. Sie haben es in Ihrem Inneren.

Im Verlauf von dreißig Jahren, in denen wir die intimen Geschichten anderer Leute angehört haben, sind Bonney und mir viele solche Erlebnisse des Einsseins berichtet worden, und wir hatten das Glück, auch selbst einige dieser Momente zu erleben. Im Allgemeinen birgt jede Erfahrung, bei der wir von unserem gewöhnlichen getrennten Selbst in ein Gefühl der Verbundenheit mit anderen oder mit der Natur hinüberwechseln, etwas von diesem Einssein in sich, und die damit einhergehende Emotion ist Liebe. Manchmal mag es nur eine kurze Ahnung sein, die Liebe eine vorübergehende Empfindung, und dann ist man schon wieder sein altes Selbst. Der Augenblick war angenehm, interessant, erstrebenswert, doch er hat keinen dauerhaften Eindruck hinterlassen: Er hat unser Selbstbild nicht verändert.

Aber es gibt auch Momente, in denen die Verwandlung vollständiger ist, wenn das getrennte Selbst mit seinem Überlebensinstinkt sich vorübergehend auflöst und wir zu der Liebe erwachen, die aus dem Urgrund unserer Natur aufzusteigen scheint. Solch eine Erfahrung kann eine Vielzahl transzendenter Gefühle beinhalten: ein Gefühl der Verbundenheit mit allen Wesen; ein harmonisches Akzeptieren des Lebens, so wie es ist; ein Staunen über das Geheimnis und die Schönheit aller Dinge; grenzenloses Mitgefühl; vollkommene Gelassenheit; tiefe Dankbarkeit dafür, dass wir einfach leben. Und wenn wir uns in solchen Augenblicken, die frei von Angst sind, dieser Erfahrung ganz und gar hingeben, dann führt sie uns zu einem Zustand höchster Seligkeit.

Worte können solche Erfahrungen natürlich nur sehr unvollkommen beschreiben, denn es geht dabei um Situationen, in denen wir unser alltägliches Selbst zurücklassen und zu einem anderen Teil unserer Natur geführt werden, zu dem uns die Worte meist nicht folgen können. In einem solchen Zustand ist unser Geist nicht mehr getrennt, und folglich beschreibt er auch seine Erfahrung nicht mehr. Wie Dante es in seinem *Paradiso* ausdrückte: »So ist mein Geist, der sich so sehr geweitet von jenen Gaben, aus sich selbst gefahren, und was geschah, kann er sich nicht erinnern.«

Aber um die Erfahrungen anderer Menschen zu vermitteln, haben wir nur die Worte. Deshalb sollen jetzt einige ihrer Geschichten für sich selbst sprechen.

Barbaras Vision

So wie geschlossen und gebeugt die Blümlein
vom Frost der Nacht beim ersten Schein der Sonne
aufrecht und offen sich am Stängel heben,
so hob ich mich aus meinen müden Kräften,
und so viel gute Kühnheit floss zum Herzen.
Dante: *Inferno*

Erinnern Sie sich an Barbara, die ihren Glauben verloren hatte? Ihre Probleme wollten scheinbar kein Ende nehmen.

Als ich Barbara kennenlernte, war kurz zuvor ihre Schwägerin und dann ihre Mutter gestorben, und sie hatte daraufhin Angstattacken und gelegentlich stechende Schmerzen im Nacken und im Rücken gehabt. Nach mehreren Gesprächen über ihren religiösen Weg und ihre lebenslange Suche nach einer Antwort auf ihre besondere Empfindsamkeit gegenüber Veränderungen und Verlusten hatte ich ihr eine Meditationstechnik gezeigt, die ihr helfen sollte, ruhiger zu werden. Ich hatte erwartet, dass sich unsere Arbeit vertiefen würde, aber ich hörte mehrere Monate lang nichts mehr von ihr. Als sie mich dann wieder anrief, drückte ihre Stimme eine neue Dimension von Trauer aus: »Sie werden es nicht glauben – jetzt ist mein Enkel im Krankenhaus. Sie vermuten, dass er Krebs hat.«

Barbaras einjähriger Enkel war mit dem Verdacht auf Leukämie in die Kinderonkologie eingeliefert worden. Die Eltern des Jungen wie auch Barbara und ihr Mann hatten ihr Lager im Krankenhaus aufgeschlagen und kümmerten sich abwechselnd um den Kleinen, damit immer jemand bei ihm war. Nachdem die Ärzte den Verdacht auf Leukämie ausgeschlossen hatten und nun die Ansicht vertraten, dass der kleine Patient unter einem gefährlichen Mangel an Blutplättchen litt, dessen Ursache man nicht kannte, wurde dem Kind Prednison verabreicht. Barbara war zu diesem Zeitpunkt bei ihm und musste entsetzt zusehen, wie ihr Enkel auf das Medikament reagierte. Seine Augen rollten nach hinten, sein ganzer Körper sackte zur Seite, und er begann heftig zu erbrechen. Instinktiv packte Barbara den zitternden kleinen Körper und hielt ihn, während er sich noch mehrfach über ihr Gesicht und ihren Hals erbrach.

Der Junge hatte in der Nacht zuvor nicht geschlafen, und nach dem Erbrechen schlief er vor Erschöpfung bald ein. Barbara betrachtete seinen winzigen Körper im Gitterbett und auch das nach einer Chemotherapie haarlose achtjährige Mädchen im Nachbarbett, und ihre Stimmung wurde dabei düsterer denn je. Sie empfand das Leben nur noch als pures Elend und wusste genau, dass diese Welt jenseits aller Illusionen ein Ort der Schmerzen und des Leides ist. Sie gab alles Wissen, allen Glauben und alle Erwartungen auf.

Ihr Sohn und ihre Schwiegertochter, ausgelaugt und erschöpft von der Angst, was mit ihrem kleinen Kind passieren würde, schliefen draußen auf dem Krankenhausgang auf ihren Stühlen. Auch Barbara schloss die Augen, während sie neben dem Kinderbett saß, und spontan tauchte in ihrer Vorstellung das lebhafte Bild der Jungfrau Maria in einem blauen Gewand auf, die Hände ausgestreckt in einer Geste des Willkommens.

Um zu verstehen, was Barbara gerade geschah, muss man etwas über die katholische Erziehung wissen. Außer den 70 Millionen Mitgliedern der katholischen Kirche in den USA und weiteren 1,1 Milliarden weltweit gibt es zahllose andere, welche die Kirche verlassen haben. Als nicht mehr praktizierende, ausgetretene, inaktive oder kirchenferne bezeichnet, findet man diese ehemaligen Katholiken in anderen christlichen Gruppierungen, buddhistischen Meditationszentren, Yogaschulen und Wiccazirkeln – auf beliebigen spirituellen Wegen oder auch auf gar keinem. Aber die Bilder der Heiligen, die im katholischen Glauben eine so zentrale Stellung einnehmen, bleiben ihnen erhalten. Geprägt durch solche visuellen Assoziationen können sie immer noch bildhafte transzendente Vorstellungen haben, die sie tief beeindrucken.

Also wusste Barbara genau, was und wen sie vor sich sah. Sie konnte nichts anderes denken, als dass es sich dabei um eine Vorahnung handelte, dass ihr Enkel sterben würde. Der Gedanke erschütterte sie, und sie öffnete rasch ihre Augen.

Dann sah sie, dass ihr schlafender Enkel seine Hand durch die Gitterstäbe des Bettchens gestreckt hatte und mit einem Finger ganz leicht ihre Hand berührte. Intensive Wellen von Energie begannen aus ihrer Brust nach außen zu strahlen, und sie hatte den Eindruck, als würde sie gleich explodieren. Sie verlor jedes Gefühl für ihren Körper und ihr Denken und wurde ein Feld der Liebe, das den Raum erfüllte. In diesem Augenblick war die glasklare Essenz ihres Glaubens, das heilige Herz, zu ihr zurückgekehrt. Später erzählte sie mir, dies sei der wichtigste Moment ihres Lebens gewesen.

Das Geheimnis der Vorstellungskraft liegt darin, wie ein Bild, vor allem eines, mit dem man die positivsten Überzeugungen verbindet, in einem Menschen wie Barbara mitten in der schlimmsten Nacht ihres Lebens eine so intensive Erfahrung der Liebe hervorrufen kann. Ich denke, der Grund dafür war gerade ihre Machtlosigkeit und die Tiefe ihrer Ergebung, als sie neben dem Krankenbett ihres Enkels saß. Sie hatte alles aufgegeben – jede Hoffnung, jede Erwartung, jede Kontrolle. Ihr Überlebensinstinkt war zusammengebrochen, und ihre angeborene bedingungslose Liebe zum Leben konnte dadurch frei in ihr aufsteigen und sie erfüllen. Das Bild der Jungfrau Maria war das Tor zu dieser umfassenden Liebe.

Miriams Meditation

Wunder ist nicht nur im unerklärten
Überstehen der Gefahr;
erst in einer klaren reingewährten
Leistung wird das Wunder wunderbar.

Rainer Maria Rilke: *Gedichte aus dem Nachlass*

Bei unserer letzten Begegnung mit Miriam, im dritten Kapitel, hatte sie ebenfalls einen Tiefpunkt ihres Lebens erreicht. Nachdem sie ihren Vater und ihren Bruder schon im Holocaust verloren hatte, war sie nun seit vier Jahren Witwe, befand sich nach ihrer Alkoholsucht in der Rehabilitation und rang mit der allgegenwärtigen Gefahr eines Rückfalls wie auch mit dem Gefühl, dass ihre »Religion« – die skeptische, distanzierte Rationalität – ihr nicht mehr weiterhelfen konnte.

Nach ihrem ersten ambulanten Beratungsgespräch mit Bonney versprach Miriam sich selbst, keinen Alkohol mehr zu trinken. Abends fiel ihr das am schwersten, denn dann fühlte sie sich besonders einsam, aber sie setzte ihre Willenskraft ein, kämpfte gegen das Verlangen nach Alkohol, wann immer es sie überkam, und zwang sich, nicht nach einer der Weinflaschen zu greifen, die noch in ihrem Keller lagen und von denen sie Bonney nichts gesagt hatte. Drei Tage später, beim nächsten Gespräch, erkannte Bonney Miriams Entschlossenheit wie auch ihre Kämpfe. Obwohl Miriam jedes Gespräch über Spiritualität abgelehnt hatte, beschloss Bonney, sie in eine Richtung zu lenken, die sie möglicherweise doch für ihr angeborenes spirituelles Potenzial öffnen würde.

Als international anerkannte Lehrerin für die therapeutische Anwendung der Imagination bat Bonney Miriam, ihre Augen zu schließen, sich auf ihre Atmung zu konzentrieren und, wenn sie sich entspannt fühlte, Verbindung zu dem Bild eines sicheren Ortes aufzunehmen und ihn so detailliert wie möglich zu sehen und zu spüren.

Bonney konnte sehen, wie Miriams Atmung langsamer wurde, und sie bemerkte, wie ihre Augenlider zu zittern begannen. Das war ein Zeichen, dass ihre Augen sich – ähnlich wie bei einem Menschen, der träumt – hinter ihren geschlossenen Lidern bewegten, eine Reaktion auf die lebhaften Bilder, die sie in ihrer Vorstellung sah. Bonney verhielt sich ganz still, denn sie wusste, dass Miriam mit ihren fesselnden inneren Bildern beschäftigt war.

Miriam verharrte einige Minuten in diesem meditativen Zustand. An einer Stelle begann sie zu lächeln, und dann gab sie einen tiefen Seufzer von sich. Als sie ihre Augen wieder öffnete, schienen Tränen darin zu stehen, und sie sah glücklich aus. Sie war klug genug, nicht gleich über ihre Erfahrung sprechen zu wollen. Stattdessen sagte sie Bonney, sie würde ihr darüber schreiben.

Ein paar Tage später erhielt Bonney Miriams Brief:

Bevor ich Deutschland als Kind verließ, ging ich, immer wenn mir irgendetwas Sorgen machte, zu einem einsamen Ort in der Heide. Es war eine unberührte Landschaft ohne irgendwelche Menschen in der Nähe.

Als Sie in Ihrer Praxis von einem »sicheren Ort« sprachen, habe ich mich im Geiste zurück in die Heide begeben. Ich erinnerte mich an den starken, erdigen Geruch des Bodens, die heiße Sonne hoch oben am Himmel und die purpurn blühende Heide vor mir.

Aber dann sah ich einen großen Swimmingpool mit klarem grünem Wasser, der wie aus dem Nichts auftauchte. Ich erinnere mich, dass ein Teil meines Verstandes sagte: »Was zum Teufel stellst du dir denn da vor?«, doch ich bin wieder zu dem Bild zurückgekehrt.

Am Wasserrand war ein kleiner, weißhaariger, dunkelhäutiger Mann, der mich begrüßte. Wir sprachen ein wenig miteinander, und dann lud er mich ein, in seinem Pool zu schwimmen. Ich sagte ihm, ich hätte Angst vor dem Wasser. Ich gerate vor Angst schnell außer Atem, wenn das Wasser so tief wird, dass ich darin nicht mehr stehen kann.

»Schwimm!«, befahl er mir. Ich war von mir selbst überrascht, dass ich der Aufforderung folgte und quer durch den Pool schwamm, denn ich kann gar nicht schwimmen.

»Wende und schwimm zurück – schwimm, schwimm«, sagte er. »Du kannst es.« Ich gehorchte ihm und schwamm mehrmals durch den Pool, ohne eine Pause zu machen. Dabei hatte ich nicht die geringsten Atemprobleme.

Schließlich stieg ich aus dem Wasser und konnte gar nicht glauben, dass ich es gewesen war, die es geschafft hatte, so lange zu schwimmen. Was war das für ein Mann, der mir diese unerwartete Sicherheit und dieses Selbstvertrauen verliehen hatte? Ich weiß es nicht, aber ich glaube, dass er mich führt. Ich glaube, er ist die Stimme meiner inneren Weisheit.

Ich öffnete die Augen und sah Sie dort sitzen. Woher habe ich den Mut genommen, so furchtlos zu schwimmen? Woher kam dieser Mann? Ich empfand eine grenzenlose Gelassenheit, die sich mit Worten nicht beschreiben lässt, ein Glücksgefühl, das ich niemals vergessen werde.

Auch Miriam hatte sich in ihre Angst ergeben, und die daraus resultierende Entdeckung einer liebenden Kraft in ihrem Inneren verlieh ihr den Mut, ihre Selbstzerstörung aufzugeben und sich wieder dem Leben zuzuwenden.

Edinas andere Mutter

Das weise Schweigen,
die allumfassende Schönheit,
zu der jeder Teil und jedes Teilchen
gleichermaßen in Beziehung steht,
ist die Flut des Seins, welche uns
in das Geheimnis der Natur hineinträgt.
Ralph Waldo Emerson: *Essays*

Geboren und aufgewachsen in New Mexico, verließ Edina ihre Heimat, als sie zum College ging, und kehrte nie wieder zurück. Zwar liebte sie bestimmte Seiten ihres heimatlichen Erbes, aber sie lehnte zornig alles ab, was sie als Schuldgefühle erzeugende, abergläubische Aspekte der Religiosität ihrer Familie empfand. Edina schilderte, dass ihre Familie in allen Schwierigkeiten ihres jungen

Lebens immer den Beweis dafür sah, dass sie nicht genug betete. Es war ihr peinlich, dass sie trotz ihrer intellektuellen Ablehnung dieser Einflüsse jahrelang gegen die Angst gekämpft hatte, ihre Familie könnte doch Recht haben und alles Schlechte, das ihr zustieß, könnte eine Strafe für ihren Mangel an Glauben sein.

Ihr innerer Konflikt löste sich in einem stillen, machtvollen Erlebnis des Einsseins auf, als sie nach New Mexico zurückkehrte, um ihren lebensgefährlich erkrankten Bruder zu besuchen. Während sie mit ihrer Familie im Sanctuario de Chimayó kniete, um für ihn zu beten, stieg plötzlich eine gewaltige Wut in ihr hoch, die sie zwang, aufzustehen und den heiligen Ort zu verlassen. Als sie sich umdrehte und einen Blick auf ihre hingebungsvoll betende Familie warf, hätte sie am liebsten laut geflucht. Aber beim Gedanken an den bevorstehenden Tod ihres Bruders fühlte sie sich gleichzeitig so verwundbar, dass ein Teil von ihr nur zu gerne geglaubt hätte, dass die intensiven Gebete ihn retten könnten.

Sie verließ die Kirche und ging hinaus in den strahlenden Sonnenschein. Sie atmete die warme Frühlingsluft ein und nutzte die Energie ihrer Wut, um immer weiter von der Kirche und ihrer Familie wegzugehen.

So gelangte sie zu einem rauschenden Bach, der nach der Schneeschmelze in den Bergen fast bis zum Ufer angestiegen war. Während sie auf das schäumende Wasser blickte, überkam sie die unwiderstehliche Vision, dass sie sich selbst in diesem Wasser befand, das über sie hinweg und durch sie hindurch rauschte, sie reinigte und von den letzten Resten ihrer Wut befreite. Als sie am Bachufer sitzend wieder zu sich kam, bemerkte sie, dass sie nassen Lehm vom Rand des Baches in ihren Händen hielt. Sie blickte über die Hügel hinweg und spürte die enorme Kraft der Erde, die sie trug. Sie verlor jedes Zeitgefühl, während sie dort saß, vielleicht ein paar Sekunden, vielleicht eine Ewigkeit.

Als das Gefühl des Einsseins allmählich wieder von ihr wich, erhob sie sich und machte sich auf den Rückweg zu ihrer Familie. Bei jedem Schritt hatte Edina das Gefühl, dass Mutter Erde ihre liebevolle Energie direkt in die Nerven ihrer Füße schickte.

Richards Seligkeit

Viele unnötige Anlässe zu deiner Beunruhigung, welche nur auf deinem Wahn beruhen, kannst du aus dem Wege schaffen und dir selbst einen weiten Spielraum eröffnen; umfasse nur mit deinem Geiste das ganze Weltall, betrachte die ewige Dauer und dann die rasche Verwandlung jedes einzelnen Gegenstandes: Welch kurzer Zeitraum liegt zwischen seiner Entstehung und Auflösung; wie unermesslich ist die Zeit vor seiner Entstehung, wie unendlich die nach seiner Auflösung!

Mark Aurel: *Meditationen*

Ich war dreißig Jahre alt, als ich zum ersten Mal diese Art von Ergebung erlebte. Wie viele Menschen, die unter extremen Bedingungen transzendente Erfahrungen machen, begegnete ich meiner Angst in Gestalt einer sehr persönlichen Lebensbedrohung.

Bonney und ich waren mit unserem neunjährigen Sohn und unserer dreijährigen Tochter an einem wunderschönen Nachmittag Ende August mit dem Kanu auf dem Lake George nördlich von New York unterwegs. Wir hatten unsere Fahrt an einem schmaleren Teil des großen Sees begonnen, und bei einem Blick über das Wasser sah es so aus, als sei das gegenüberliegende Ufer nur einige hundert Meter entfernt. Die großen Tannenbäume und die steilen Hügel, die den See umgaben, ließen uns nur ein Stück des blauen Himmels direkt über unseren Köpfen sehen. Deshalb war es für uns sehr überraschend, als plötzlich ein Sturm aufkam, der bisher wolkenlose Himmel buchstäblich schwarz wurde und es ganz in der Nähe heftig donnerte.

Das Wasser wurde aufgepeitscht, unser Kanu begann zu schaukeln, und Bonney und ich versuchten hektisch, das Boot zu wenden, um wieder ans Ufer zurückzukehren. Wir waren Städter, die lediglich vorgaben, sich draußen in der Natur auszukennen, aber es gelang uns immerhin, das Boot wieder in Richtung Ufer zu dirigieren – bevor es im nächsten Moment kenterte und wir alle ins Wasser fielen. Wir griffen jeweils nach einem der Kinder, die beide Rettungswesten trugen. Wir waren keine Rettungsschwimmer, aber wir schwammen einfach auf der Seite und zogen die Kinder mit uns. Als wir dem Ufer nahe genug waren, um wieder Boden unter den Füßen zu spüren, waren wir beide völlig erschöpft und kletterten mit letzter Kraft auf den schmalen Uferstreifen zwischen Wasser und Wald.

Die heftigen Blitze schlugen immer wieder in die Bäume ein, und in der spätsommerlichen Trockenheit fingen die Zweige Feuer. Der Wald begann zu brennen, und gleichzeitig kamen weitere Blitze, die in die Bäume wie auch ins Wasser einschlugen. Erschöpft und durchnässt, eingeschlossen zwischen dem See und dem brennenden

Wald, warf ich einen Blick auf Bonney und meine Kinder, und tief in meinem Inneren wusste ich, dass unsere Zeit gekommen war, dass es zu Ende ging und wir nur noch weniger Sekunden zu leben hatten. Es war kein furchtsamer Gedanke, sondern eher die absolute, eherne Gewissheit: Das ist das Ende.

In diesen Sekunden vor dem Untergang begann eine Welle der Liebe in mir aufzusteigen. Diese Liebe wurde immer stärker, bis sich Geist und Körper darin auflösten, und im nächsten Moment war nur noch eins von mir übrig: Seligkeit und das Bewusstsein der Seligkeit. In einem solchen Zustand gibt es keine Sprache mehr. Ich kann nur sagen, dass das Ich, mit dem ich ein Leben lang gelebt hatte, ganz und gar verschwunden war, ersetzt durch die Seligkeit und ein Ich, das sich dieser Seligkeit bewusst war.

Ich habe keine Ahnung, wie lange ich in diesem Zustand verharrte, aber das Nächste, was mir bewusst wurde, war eine Stimme, die mir zuschrie: »Lauf!«

Bonney schrie das Wort noch einmal, und ich riss meine Tochter an mich und rannte mit ihr auf dem Arm hinter Bonney und meinem Sohn in einer verzweifelten Hetzjagd durch den brennenden Wald. Schließlich erkannte ich, wohin sie uns führte: Weiter oben vor uns lag ein großes graues Bauernhaus, das sie im zuckenden Licht der Blitze kurz gesehen hatte.

Als wir zum Hintereingang kamen, war die Tür nicht verschlossen. Wir stolperten in eine große, sehr dunkle Küche und riefen mehrmals nach den Bewohnern, aber niemand antwortete. Durch das Küchenfenster sahen wir draußen weiterhin die Blitze zucken, und drinnen im Haus sprangen Funken aus allen Steckdosen und Lampen. Möglichst weit weg von den Funken ließen wir uns an eine Wand gelehnt auf den Boden sinken. Das Wasser aus unseren nassen Kleidern floss über den unebenen Küchenboden. Wir riefen noch einmal nach den Bewohnern, aber nichts rührte sich.

Das Gefühl der Seligkeit hatte mich noch nicht verlassen, auch wenn es nicht mehr so allumfassend war. Ich konnte sehen, dass Bonney sich allmählich entspannte, nachdem sie ihre gesamte Willenskraft zusammengerafft hatte, um ihre Kinder zu retten. Mein Gefühl der Seligkeit, auch wenn es sich langfristig als hilfreich erweisen sollte, weil es mein Bewusstsein verwandelte und dazu beitrug, unser Leben zu verändern, war während der akuten Gefahr im brennenden Wald nutzlos gewesen. Es war allein Bonneys Verdienst, dass unsere Kinder älter als neun und drei Jahre werden durften.

Ein großer Mann in Arbeitskleidung kam tropfnass in die Küche gerannt und begann mit uns zu reden, als sei es absolut selbstverständlich, dass wir dort saßen. Er sagte, er habe Kugelblitze über die Felder rollen sehen. Davon habe er zwar schon einmal gehört, es aber hier in seinen vierzig Jahren als Bauer noch nie erlebt. Genau in diesem Moment kam aus dem dunklen Flur vor der Küche eine große, gebrechlich wirkende alte Frau, die ein kleines Glas Sherry trug. »Bleibt hier, solange es nötig ist«, sagte sie, noch bevor wir unsere Anwesenheit auch nur erklären konnten. Dann drehte sie sich um und ging wieder durch den Flur zurück. Aus der Art, wie sie sich mit der freien Hand an der Wand entlangtastete, schloss ich, dass sie blind war. Der Bauer folgte ihr, und ich hörte sie darüber reden, dass sie sich noch vergewissern wollten, ob bei einem Nachbarn alles in Ordnung war.

Draußen wurden die Blitze allmählich schwächer, und jetzt sprühten auch keine Funken mehr aus den Steckdosen und Lampen. Ich stand auf, öffnete die Küchentür und sah, dass der Boden und die Bäume dunkel vom Regenwasser waren. Ich hatte den Regen nicht einmal bemerkt, aber er hatte das Feuer in den Bäumen gelöscht. Rauch stieg von den Zweigen auf, und die Luft roch nach verbranntem Holz.

Der Sturm hatte sich gelegt, und der Himmel war wieder blau. Ich hörte nicht allzu weit entfernt ein Auto vorüberfahren. Wir folgten dem Geräusch und stiegen einen schlammigen Hügel hinauf, weil wir hofften, dahinter auf die Straße zu treffen, die uns wieder zu unserem Campingplatz führen würde. Durchnässt und zitternd, wie wir vier dort standen, müssen wir ausgesehen haben wie eine seltsame Gruppe von Anhaltern, die auf den nächsten vorüberkommenden Wagen warten.

Während ich die stille Straße auf und ab schaute, fühlte ich mich unendlich erleichtert und vollkommen leer. Ich war so wesenlos geworden, dass ich nicht einmal wusste, was ich bei einem Blick in den Spiegel sehen würde. Meine Familie neben mir auf der Straße sah real genug aus, aber ich selbst war nicht mehr als das Bewusstsein, das sie anblickte. Ich wusste nicht mehr, wer ich gewesen war, und ich erinnerte mich nicht mehr daran, was ich einmal gewusst hatte. Ich war mir nur absolut sicher, dass ich nichts wusste und dass ich in diesem Moment völlig von vorne anfangen musste. Ich musste bei null beginnen und etwas Neues lernen.

Binnen einer Woche begann ich mit Zen-Übungen. Das war der Anfang einer bewussten spirituellen Suche, um mehr über die Ergebung und die Seligkeit herauszufinden, von der ich am Ufer des Sees eine Kostprobe erhalten hatte.

Den Tod mit anderen Augen sehen

Wer am Morgen den rechten Weg erkannt hat,
kann am Abend getrost sterben.
Konfuzius

Auf die eine oder andere Weise geht es bei jeder dieser Geschichten um die Nähe zum Tod. Der Tod ist die Angst aller Ängste, die Quintessenz aller Bedrohungen, gegen die unser Überlebensinstinkt tagtäglich ankämpft. Aber hat der Tod seinen Ruf tatsächlich verdient?

In Märchen und Mythen wird der Tod oft als eine Schattengestalt dargestellt, die in der Nähe lauert, manchmal einen dunklen Umhang trägt oder als Skelett herumwandert, stets bereit, uns im nächsten Moment auf die Schulter zu tippen und für immer zu entführen. Zu jeder Zeit und in jeder Kultur haben die Menschen den Tod gefürchtet. Sie haben übernatürliche Kräfte angerufen, die ihnen helfen sollten, ihm zu entkommen, und gelegentlich – in den Psalmen gibt es Beispiele dafür – auch Gott angefleht, ihren Feinden den Tod zu bringen. Der Tod ist ein Thema, über das niemand etwas Positives zu sagen weiß.

Bonney und ich haben zu diesem Thema jedoch einiges beizutragen, das Ihnen zumindest helfen könnte, Ihre natürliche Furcht vor dem Tod zu überdenken. Nachdem wir jahrelang in Krankenhäusern gearbeitet und den Tod vieler Freunde und Verwandten erlebt haben, können wir

Ihnen drei vielversprechende Fakten über den Tod darlegen, die Sie bedenken sollten.

Erstens ist der Zustand, tot zu sein, überhaupt kein Problem. Manche Leute sprechen furchtsam von Vernichtung, von vollständiger Dunkelheit und dem ewigen Nichts, aber Sie sind dort schon einmal gewesen, haben diese Erfahrung schon gemacht und sie gut überstanden. Wenn Sie sich vorstellen, dass dem Tod das Nichts folgt, dann müssen Sie sich klarmachen, dass auch Sie vor Ihrer Geburt ein Nichts waren. Erinnern Sie sich an irgendwelche besonderen Probleme aus dieser Zeit? Warum sollten Sie also Probleme haben, wenn Sie gestorben sind? Über das Nichts brauchen Sie sich keine Sorgen zu machen.

Zweitens ist der Akt des Sterbens als solcher nicht schwer – jeder bewältigt ihn. Sie wussten nicht, wie man geboren wird, und haben es doch erfolgreich geschafft. Und auch wenn Sie nicht wissen, wie man stirbt, werden Sie es trotzdem schaffen, wenn die Zeit dafür gekommen ist. Mein eigener Vater, ein Mann, der sich nach meiner Kenntnis nicht eine einzige Minute seines Lebens mit spirituellen Fragen beschäftigt hat, sah auf seinem Sterbebett liegend meine Mutter und meine Brüder an und fragte ganz ruhig: »Darf ich jetzt gehen?« Sie nickten, und er ging. Offensichtlich wusste er, was er zu tun hatte, und Sie werden es auch wissen, ganz gleich unter welchen Umständen. Bonney und ich sagen Ihnen das aus tiefster Überzeugung: Sie brauchen sich keine Sorgen darüber zu machen.

Wenn Ihre Zeit zu sterben kommt, kann sich drittens die Hinwendung zum Tod als eine faszinierende Erfahrung erweisen. Viele Religionen versprechen uns, dass wir nach dem Tod ein neues Reich der Existenz betreten, und manche beschreiben sogar sehr genau, welche Form es annehmen wird. Da sich diese Vorstellungen von einem Leben nach dem Tod nicht beweisen lassen, ist hier unsere Fantasie angesprochen: Entweder Sie können sich vorstellen, dass sie wahr sind, oder Sie können sich das nicht vorstellen. Was wir Ihnen aber als Wahrheit bezeugen können, ist dies: Wir haben viele Übergänge in den Tod gesehen, die friedlich, würdevoll und beruhigend waren.

Eine besondere Sichtweise des Sterbeprozesses, die großes Interesse wie auch erhebliche Kontroversen hervorgerufen hat, begründet sich auf die Nahtoderfahrungen, ein Phänomen, über das Menschen nach Operationen, Herzinfarkten, Autounfällen und anderen lebensgefährlichen Situationen berichten. Skeptiker tun solche Erfahrungen als bloße neurologische Ereignisse ab, erzeugt durch opiatähnliche Substanzen, die das Gehirn überfluten. Sollten sie jedoch real sein, dann versprechen sie nichts weniger als die Befreiung von jeder Angst vor dem Tod und dem Sterben.

Bei der klassischen Nahtoderfahrung, von der es viele subtile Abwandlungen gibt, spürt der Mensch auf der Schwelle zum körperlichen Tod, wie er seine materielle Hülle verlässt, sich durch einen Tunnel bewegt und an dessen Ende ein Energiefeld aus strahlendem Licht erreicht. In seiner dramatischsten Form gehört zu diesem Eintreten ins Licht, dass man Freunden und Verwandten wiederbegegnet, die bereits »hinübergegangen« sind. Immer wieder heißt es, das strahlende Licht habe die Eigenschaft einer liebevollen Präsenz, welche die sterbende Person beruhigt und ihr das Gefühl absoluter Sicherheit gibt, eine erstaunliche Aussage angesichts der Tatsache, dass dieser Mensch sich gerade von seinem Körper getrennt hat.

Im nächsten Stadium der Erfahrung – nach unserem Zeitverständnis nur wenige Sekunden später – wird ihm eine Art von Weisheit mitgeteilt, die er nutzen kann, wenn er in seinen Körper zurückkehrt und sein Leben wieder aufnimmt. Manchmal nimmt diese Weisheit die Form eines »Lebensrückblickes« an: Der Betreffende sieht Szenen aus seiner Vergangenheit (»mein Leben lief wie ein Film vor meinen Augen ab«), die eine Lehre darüber enthalten, wie er besser leben und mehr Liebe in die Welt bringen kann. Wenn diese Weisheit empfangen wurde, endet die Erfahrung des Lichts, und die Person findet sich plötzlich auf dem Operationstisch wieder oder erlebt, wie sie aus dem Autowrack gezogen wird.

In seinem Buch *Reinventing Medicine* (»Die Neuerfindung der Medizin«) gibt uns der Arzt Larry Dossey eine genaue Analyse der Nahtoderfahrung seines Kollegen Dr. August Reader. Als Herausgeber der Zeitschrift, die Readers Bericht über sein Nahtoderlebnis der »Ganzheit und Seligkeit« veröffentlichte, fragte sich Dossey: »Warum sollte jemand, dessen Gehirn nicht mehr ausreichend mit Blut und Sauerstoff versorgt wird, ein so überwältigendes Gefühl des Einsseins mit allen Dingen erleben?« Reader selbst konnte ihm lediglich die Antwort geben, die ihm die Erfahrung als solche vermittelt hatte: »Die Antwort kommt als eine Liebe, die umfassend, tiefgreifend und einheitsstiftend ist.«

Was ich bin, wirst auch du sein

Der Mensch ist Tier und geistiges
Wesen zugleich.
Als Tier fürchtet er den Tod;
als geistiges Wesen erfährt er keinen Tod.
Tolstoi: *Kalender der Weisheit*

Wie ist es möglich, einen solchen Augenblick, eine so strahlende Verbundenheit zu erleben, kurz bevor man die Schwelle zum Tod überschreitet? Die Übung, der Verwundbarkeit ins Gesicht zu sehen und sich der Angst zuzuwenden, wird Ihnen helfen, die Voraussetzungen dafür zu schaffen, aber der Durchbruch zur Liebe wird Sie trotzdem eher überraschen.

Ich erinnere mich lebhaft an einen Moment bei einer der Kunst- und Meditationsreisen, die Bonney und ich in Florenz leiteten, als ich Zeuge wurde, wie sich eine Frau gleich neben mir für den Urgrund der Liebe öffnete. Es war ein kühler, trüber Tag, und einige Teilnehmer hatten sich beim Besuch der großen Kirche Santa Maria Novella schon über die Kälte beklagt. Trotzdem setzten Bonney und ich unseren Vortrag fort, während wir alle vor dem meisterhaften Fresko der frühen Renaissance standen, Masaccios *Trinität* an der Ostwand der Kirche.

Die *Trinität* stellt die Auferstehung dar. Während Jesus am Kreuz vom Heiligen Geist in Gestalt einer weißen Taube und von Gottvater himmelwärts gehoben wird, schaut seine Mutter Maria still den Betrachter an, und auf der anderen Seite des Kreuzes betrachtet Johannes aufmerksam die Himmelfahrt Jesu. Etwas weiter unten knien betend zwei Florentiner Kaufleute (Mäzene, die das Gemälde gestiftet haben). Auf dem Boden direkt unter dem Fresko liegt ein Skelett in einem Sarg mit der Inschrift: IO FU GA QUEL CHE VOI SIETE: E QUEL CHO SON VOI ACO SARETE.

Als ich diese Inschrift übersetzte, rang die Frau neben mir nach Luft und starrte das Skelett an, als hätte es sich gerade in seinem Sarg aufgerichtet und direkt zu ihr gesprochen: »Einst war ich, was du bist, und was ich bin, wirst auch du sein.«

Die Frau wirkte gepeinigt und desorientiert und schien sich nach einem Zufluchtsort umzusehen, aber statt wegzulaufen, senkte sie den Kopf und begann leise zu weinen. Ich rückte nahe genug an sie heran, um sie festhalten zu können, falls sie ohnmächtig würde, verhielt mich ansonsten aber ganz still. Als sie den Kopf hob, erkannte ich überrascht, dass sie glücklich aussah, mit Tränen der Rührung in den Augen. In diesem Moment erinnerte sie mich stark an die Kursteilnehmer, die nach ihrer Runde um den Block Tränen der Liebe weinten.

Ich sagte nichts und wartete ab. Sie schenkte mir ein Lächeln und gab ein Zeichen, dass ich sie allein lassen sollte. Ich behielt sie im Auge, während wir noch ein wenig in der Kirche herumgingen.

Als wir wieder im Freien waren, setzten sich die Leute zum Ausruhen auf die Treppenstufen vor der Kirche. Von hier aus hat man einen schönen Blick auf die Piazza Santa Maria Novella. Die Kirche liegt in der Nähe des Bahnhofs und zieht viele Touristen an, sodass auf der Piazza oft ein Gewimmel von französischen, deutschen, spanischen, japanischen und britischen Touristengruppen herrscht. Einige von ihnen bleiben auf dem Platz stehen, um die prächtige Kirchenfassade von außen zu bewundern, während andere nach drinnen gehen.

Unsere Mitreisende schien mit sich im Reinen zu sein, während sie den Strom der Menschen beobachtete, die an uns vorüberzogen. Nur zur Sicherheit ging ich zu ihr und setzte mich neben sie. Noch bevor ich ein Wort sagen konnte, zeigte sie auf die vorübergehenden Touristen: »Sind sie nicht alle wunderschön?« Dann wandte sie ihren Blick wieder dem Menschenstrom zu.

Abends in unserem Hotel fragte ich sie nach ihrem Erlebnis in der Kirche. Sie sagte, die Worte des Skeletts seien ihr direkt in den Körper gefahren und hätten ihre Empfindungen durchdrungen wie eine mächtige Droge. Anfangs habe sie das Gefühl gehabt, sie hätte »alles verloren«, aber dem sei unverzüglich ein Aufwallen freudiger Energie gefolgt. Aus den Worten des Skeletts habe sie die direkte Macht der Wahrheit gespürt, und diese Wahrheit habe sie befreit.

Kein anderes Mitglied unserer Gruppe hatte eine auch nur annähernd vergleichbare Erfahrung gemacht. Die Worte des Skeletts hatten manchen ein Grinsen entlockt, anderen ein missbilligendes Kopfschütteln und wieder anderen verständnislose Blicke. Aus irgendeinem geheimnisvollen Grund war diese eine Mitreisende an diesem Tag und in genau diesem Augenblick offen für die Wahrheit gewesen, dass wir alle verwundbar sind. Jeder von uns wird diese Wahrheit zu seiner eigenen Zeit und auf seine eigene Weise wahrnehmen und in sich aufnehmen. Wenn es Ihnen geschieht, werden Sie wissen, dass Sie den Weg betreten haben, auf dem Sie Ihr Einssein mit dem Leben entdecken, ein Wissen, das Sie bereits in sich tragen.

Auf der Suche nach dem Einssein

Ich seh, dass unser Geist niemals gesättigt
sein wird, wenn ihn die Wahrheit nicht erleuchtet,
vor deren Toren keine Wahrheit wohnet.
Dante: *Paradiso*

Die Mysterien der Verwundbarkeit, der Ergebung und der in uns aufkommenden Liebe machen diese Welt zu einem überaus seltsamen Ort. Immer wieder staune ich, wenn ich mir klarmache, dass ich eines Tages einfach nicht mehr hier sein werde. Wie schwer diese Tatsache doch zu begreifen ist!

Wenn wir das Leben nicht liebten, wäre es keine große Sache, es zu verlassen oder zu sehen, wie unsere Liebsten es verlassen. Diese Ereignisse würden einfach geschehen, so wie die Sonne abends untergeht, und wir würden nichts weiter damit verbinden. Ich hatte mich selbst für diese Art von Distanzierung entschieden, aber mein trauriger Plan, mich um nichts zu kümmern, wurde glücklicherweise von meiner Frau und meinen Kindern zunichtegemacht.

Wenn Sie erst einmal akzeptiert haben, ob es Ihnen gefällt oder nicht, dass Sie ein Teil des Lebens sind und voll an seinem Kreislauf von Geburt und Tod teilnehmen, brauchen Sie eine Perspektive, mit deren Hilfe Sie all dem einen Sinn geben können. Ich nenne das eine spirituelle

Perspektive in dem Sinne, dass sie den Geist oder die Essenz der Welt erfassen muss. Als Ryan ausrief: »Ist Gott etwa ein Sadist?«, während er damit haderte, wie das Leben uns anhält, zu lieben und zu verlieren, versuchte er einfach, die Quintessenz unserer Situation hier zu erfassen. Viele monotheistische Religionen bieten verschiedene Sichtweisen auf Gottes Pläne und die Frage, wie wir seine Gunst gewinnen können, damit wir von dieser Wirklichkeit der Veränderungen und Verluste ausgenommen werden. Andere Religionen und Philosophien gehen davon aus, dass es nicht den einen Schöpfergott gibt, sondern eine Vielzahl von Göttern, oder dass überhaupt keine höhere Macht existiert. Wegen dieser unterschiedlichen Meinungen haben Menschen einander von jeher bekämpft und getötet: Ihr unbedingtes Bedürfnis nach einer Antwort auf die Verwundbarkeit verlangte nach der Bestätigung, dass ihre Version der Realität der absoluten Wahrheit entspricht.

Unser Votum gehört den Weisen, die sich aus diesem Streit herausgehalten und uns daran erinnert haben, dass wir nur winzige Geschöpfe auf einem einzigen, sehr kleinen Planeten in der Grenzenlosigkeit von Zeit und Raum sind. Wenn eine Schnecke reden könnte, würde ich trotzdem ihrer Behauptung, dass sie den Wald versteht, keinen Glauben schenken, und unsere Beobachtungen der kosmischen Wahrheit entsprechen der Perspektive einer Schnecke. Aber es gibt noch eine dritte Position: Wir akzeptieren mehr und mehr, dass wir nichts wissen können und einen Weg finden müssen, uns mit dem Leben in einem ewigen Mysterium anzufreunden. Und wie bei jedem Rätsel, das es wert ist, gelöst zu werden, sorgt diese Sichtweise dafür, dass wir weiter nach Lösungen suchen.

Die Welt der Suchenden

Doch was steig ich hinunter? Wer erlaubt es?
Ich bin Äneas nicht, nicht Paulus bin ich,
und niemand wird mich dafür würdig halten.
Dante: *Inferno*

Während der sozialen und politischen Unruhen im Amerika der sechziger Jahre waren Bonney und ich junge Erwachsene. Attentate, Bürgerrechtsmärsche, Proteste gegen den Krieg, Rassenunruhen, brennende Städte, geschlossene College-Gelände, unser Nachbar aus der Wohnung nebenan kehrte von Schrapnellsplittern durchsiebt aus dem Vietnamkrieg zurück, während andere Freunde eingezogen wurden oder nach Kanada flohen – das alles war Teil unseres Alltags.

Wir hatten das Gefühl, in Zeiten eines neuartigen Wahnsinns zu leben, aber auch der flüchtigste Blick auf die Geschichte zeigt, dass nichts daran neuartig war. Immer haben Menschen aufeinander mit lebensbedrohlicher Angst und Aggression reagiert, während sich gleichzeitig in der Medizin, der Wissenschaft und den Künsten lebensbejahende Entwicklungen vollzogen. 700 Jahre zuvor, als Dante in seinem *Inferno* die Hölle beschrieb, die Menschen auf Erden füreinander schaffen, kam er zu dem Schluss, dass die Geschichte sich niemals zum Besseren verändern könne, solange die menschliche Natur nicht selbst verwandelt würde. Noch bevor unsere beruflichen Pläne wirklich klar vor uns lagen, wussten wir auf unserem eigenen kleinen Lebensweg, dass wir etwas tun wollten, um diese Verwandlung zu fördern. Aber uns war auch klar, dass wir uns selbst nur verändern konnten, wenn es uns gelingen würde, die sich ständig wiederholenden Reaktionen von Angst und Wut in unseren eigenen Beziehungen zu überwinden; wenn wir das nicht schafften, konnten wir es auch von anderen nicht erwarten. Sobald wir 1970 unsere formale Ausbildung in Psychologie und Meditation begonnen hatten, lernten wir viele faszinierende Menschen kennen, die nach Lösungen dafür suchten, wie man im Einklang mit dieser vergänglichen und zerbrechlichen Welt leben kann. Es wäre mir ein Vergnügen, sie Ihnen eines Tages alle in einem Buch vorzustellen, aber ein kurzes Gespräch mit einem anderen Suchenden ist mir besonders gegenwärtig, während ich dies hier schreibe.

Er und ich saßen beim gemeinsamen Frühstück in der Cafeteria eines ehemaligen Feriencamps mitten in Kansas, aus dem man ein Retreat-Zentrum gemacht hatte. An dem Retreat nahmen einhundert Leute aus dem ganzen Land teil, eingeladen von Elmer Green, dem Biofeedback-Pionier und Bewusstseinsforscher, um hier eine Woche in entspannter Atmosphäre über ihre Arbeit zu diskutieren.

Mein Frühstücksgefährte war ein Wissenschaftler, der früher für das Verteidigungsministerium gearbeitet hatte und wie ein klassischer Fachidiot wirkte: dicke Brillengläser, wirres Haar und in seiner Hemdtasche vier Stifte, die alle einen Fleck hinterlassen hatten. Er fragte mich nach meiner Arbeit, und ich erwähnte, dass Bonney und ich die Verwundbarkeit als Schlüssel zum Verständnis des menschlichen Verhaltens erforschten. Mit einem ironischen Lächeln meinte er: »Ah, das zweite Gesetz der Thermodynamik?«

Ich war verdutzt. »Das zweite Gesetz der Thermodynamik?«

»Alle Materie tut nur eins.«

»Und was?«

Er grinste etwas breiter: »Verfallen.«

Es war noch früh am Morgen, die Kansas-Sonne war gerade erst aufgegangen, und hier saßen wir und redeten über das Ende von allem.

»Also, was tun wir dagegen?«, fragte ich.

»Ah«, sagte er wieder, und dann schwieg er. Still saßen wir in diesem Mysterium zusammen und tranken unseren Kaffee.

In seinem Buch *Überrascht von Freude* beschreibt C. S. Lewis das Verlangen zu suchen als »eine unbefriedigte Sehnsucht, die als solche erstrebenswerter ist als jede Befriedigung«. Was hat Lewis zu diesem Verlangen geführt, das zur »zentralen Geschichte« seines Lebens wurde? Ganz einfach: Er hatte als Kind im Garten seines Elternhauses gestanden, sich nach seinem Bruder umgedreht und plötzlich eine große, tiefe Freude empfunden, »nicht von Jahren, sondern von Jahrhunderten«. Er war sicher, dass jeder, der jemals eine solche Freude gefühlt hatte, sich nur danach sehnen kann, sie erneut zu fühlen.

Indem er diese Sehnsucht in den Rahmen von Jahrhunderten stellte, beschrieb Lewis eine Thematik menschlicher Gefühle, die von Generation zu Generation weitergereicht wird und doch für jeden Menschen, der sensibel darauf reagiert, ganz intim und einzigartig ist. Sie können die Macht dieses Verlangens in den Geschichten der zahllosen Suchenden erkennen – und auch in der Reise, die Bonney Tausende von Meilen durch die Welt führte.

Auf dem Weg nach Istanbul

Darum ziehn sie auch nach verschiednen Häfen
im großen Meer des Seins, und jedes Wesen
von einem angebornen Trieb getragen.
Dante: *Paradiso*

An Bonneys eigenem Verlangen und ihrer Entscheidung, ihm nachzugeben, zeigen sich sehr anschaulich die oft glücklichen Zufälle, die dem Suchenden auf seinem Weg begegnen. Während Sie die Wendungen mitverfolgen, die sie auf ihrem Weg erlebte, können Sie beginnen, sich selbst Fragen zu stellen. Was ruft Sie? Welches Gefühl fordert Sie zum Handeln auf?

Die Eltern von Bonneys Vater waren Anfang des 20. Jahrhunderts aus Sizilien in die USA eingewandert. Ihren Großvater väterlicherseits hat sie nie kennengelernt, aber die Großmutter, ihre Nana, hat auf Bonney in ihrer Kindheit einen nachhaltigen Eindruck gemacht. Nana sprach Englisch mit einem starken Akzent und war Analphabetin, doch sie war eine weise und liebevolle Frau, die alle ihre Kinder und Enkel ermutigte, eine gute Bildung und Ausbildung anzustreben. Erst später im Leben erkannte Bonney den wahren Wert von Nanas aufrichtiger Schlichtheit, ihrer absoluten Gleichgültigkeit gegenüber materiellem Besitz und ihrer tiefen Würdigung von Beziehungen und familiären Bindungen.

15 Jahre nach Nanas Tod verkündete Bonney, die damals als Lehrerin und Beraterin für ganzheitliche Medizin tätig war, sie müsse eine Reise nach Sizilien unternehmen. Sie wusste nicht genau, warum, aber der Ruf war stark. Im Verlauf ihrer Reisevorbereitungen erfuhr sie,

dass Sizilien 827 nach Christus von den Moslems erobert worden war. Als die Normannen unter König Roger I. Sizilien 1091 wieder unter christliche Herrschaft brachten, war der König von den Fähigkeiten der islamischen Künstler so beeindruckt, dass er ihre Kenntnisse beim Bau seiner Kathedralen und Paläste nutzte. Die wichtigste Kathedrale und der ehemalige normannische Palast in der sizilianischen Hauptstadt Palermo sind mit kalligrafischen Mosaiken in lateinischer, arabischer und griechischer Schrift ausgestattet.

Das faszinierte Bonney, denn obwohl sie nichts über diese Zeit wusste, hatten die islamische Architektur, die Mosaike und die Kalligrafie sie schon seit ihrer Kindheit angezogen, nachdem sie Fotos von der Blauen Moschee in Istanbul gesehen hatte. Ihre einzige Verbindung zu dieser Stadt war eine Freundin aus der College-Zeit, Layla, die von dort stammte. Layla hatte Bonney oft eingeladen, Istanbul während der Sommerferien zu besuchen, aber es war nie dazu gekommen, und sie hatten allmählich den Kontakt verloren.

Das Büchlein

Die erste Aufgabe besteht darin, die Essenz hinter der Intuition zu identifizieren und sie von ihrer äußeren Form oder Kleidung zu trennen, in der sie präsentiert wird.

Roberto Assagioli

Auf Sizilien fuhren Bonney und ich von Palermo aus südlich zur Küstenstadt Sciacca, von wo ihre Großeltern stammten. Wir erfuhren, dass Sciacca schon früher ein

Badeort war, dessen Thermalquellen und dampfende Höhlen von den alten Griechen als Heilungszentrum genutzt wurden. Bonney fand das interessant, denn sie hatte sich intuitiv zu ganzheitlichen Methoden der Heilung hingezogen gefühlt, und das schon lange bevor die alternative oder komplementäre Medizin ein Trend wurde.

An unserem letzten Abend in Sciacca gingen wir zu einem frühen Abendessen in ein schlichtes Restaurant am Kai. Wir waren dort die einzigen Gäste, und der Kellner bediente uns äußerst freundlich und aufmerksam. Er war groß und dünn, wirkte androgyn und schien Bonneys wenige Worte Italienisch zu verstehen, sprach jedoch kein Englisch.

Nachdem wir unsere Pasta mit Sardinen und gegrilltem Gemüse gegessen hatten, bat uns der Kellner mit einem Handzeichen, an unserem Tisch sitzen zu bleiben, und verschwand nach draußen. Fünf Minuten später kehrte er mit einem abgegriffenen Reiseführer in englischer Sprache zurück. Obwohl wir jede Menge Reiseführer besaßen, nahmen wir sein Geschenk dankend an und gingen zurück zum Hotel, um dort auf unserem Balkon zu sitzen und den diesigen Sonnenuntergang über dem Mittelmeer mit seinen schillernden Schattierungen von Violett, Pink und Blau zu genießen.

Als sich die Dunkelheit herabsenkte und die ersten Sterne am Himmel zu funkeln begannen, begab sich Bonney zurück ins Zimmer, um in dem kleinen Reiseführer zu lesen. Er war vor allem einer Kirche in der Nähe von Sciacca, der Kirche San Calogero, gewidmet.

Zufällig hatten wir diese Kirche früher am Tag besucht und waren der Straße mit ihren endlosen Serpentinen gefolgt, die zu dem Felsvorsprung führt, auf dem das Gotteshaus steht. Von hier aus hatte man einen schönen Blick über die Stadt. Wegen Bonneys Interesse an ganzheitlicher Heilung hatten wir uns auch die heilenden Höhlen hinter der Kirche angeschaut. Der steile Weg zu den Höhlen wurde von einer Mauer gesäumt, in die Abbildungen eingemeißelt waren, die zeigten, wie die Alliierten 1945 die Kirche und die Stadt bombardiert hatten. Es war ein erstaunlicher Anblick gewesen, denn am Tag zuvor hatten wir die in der Nähe gelegenen Ruinen der antiken Stadt Selinunte besucht und erfahren, dass sie im Jahr 409 vor Christus durch eine Armee von Eroberern zerstört worden war.

Vom hoch gelegenen Aussichtspunkt der Kirche hatten wir die kleinen Fischerboote auf dem Meer und den geschäftigen Hafen von Sciacca betrachtet und uns vorzustellen versucht, wie die Menschen die Bombenangriffe überlebt hatten. Die Kirche, jetzt wieder aufgebaut und neu geboren, war für uns ein Zeugnis menschlicher Widerstandsfähigkeit.

Bonney erfuhr aus dem kleinen Reiseführer, dass San Calogero der Schutzpatron von Sciacca war. Im sechsten Jahrhundert, als die Bevölkerung in der Gegend von der Pest dezimiert worden war, hatte er die Stadtbewohner gerettet, indem er die heilenden Höhlen und Quellen wiederentdeckte, die seit Jahrhunderten nicht mehr genutzt worden waren.

Was sie anschließend las, jagte ihr eine Gänsehaut über den Rücken. San Calogero war zwar der Schutzheilige von Sciacca, der Heimatstadt ihrer sizilianischen Familie, aber er kam ursprünglich aus Istanbul.

Ihre Suche würde weitergehen. Sie wusste, dass der nächste Schritt darin bestehen musste, Layla zu finden und endlich einmal nach Istanbul zu reisen.

Die neun Planeten

> *Ich kreise um Gott, den uralten Turm, und ich kreise jahrtausendelang; und ich weiß noch nicht: bin ich ein Falke, ein Sturm oder ein großer Gesang.*
>
> Rainer Maria Rilke: *Stundenbuch*

Im folgenden September bestiegen wir ein Flugzeug Richtung Türkei.

Als wir elf Stunden später in die internationale Ankunftshalle des überfüllten, lauten Flughafens von Istanbul traten, erkannte Bonney Layla auf den ersten Blick. 35 Jahre der Trennung waren unwesentlich – Umarmungen, Küsse und dann eine überwältigende Mischung aus Farben, Klängen, Gerüchen, Emotionen und unserem Jetlag, während wir uns zu Laylas Auto begaben und zu ihrer Wohnung fuhren. Am ersten Abend wurde einfach nur geredet – über Kinder, Familien, Jobs, Erinnerungen –, ein erster Austausch über die Höhepunkte unseres Lebens.

Layla erzählte uns, dass sie für den nächsten Tag die Teilnahme an einem ganz besonderen Ereignis für uns geplant hatte. Ihr Freund Mehmet hatte uns zu einer Zeremonie der tanzenden Derwische in deren Kloster eingeladen. Wir waren überrascht und begeistert; schon lange liebten wir die Poesie des Sufi-Mystikers Maulana Dschalaladdin, des Gründers der Maulawi-Derwische, den man gemeinhin unter dem Namen Rumi kennt.

Am nächsten Morgen, nach einem Frühstück, das aus Oliven, Käse, Joghurt, Gurken, Brot und Kaffee bestand, brachen wir mit Layla auf, um die Stadt zu erkunden. Es war ein heller, klarer Tag. Arbeiter in Fischerbooten, die entlang der Küstenlinie des Bosporus an den Docks lagen, grillten frisch gefangenen Fisch für eine Vielzahl wartender Kunden. Wir gingen über die lange Karakoy-Brücke in Richtung auf den Beyoglu-Distrikt und das Kloster, während Touristen, Einheimische und eine erstaunliche Ansammlung von Fahrrädern, Karren, Rollern, Autos und Lastwagen in beiden Richtungen an uns vorüberzogen. Unter der Brücke schwammen Fischerboote, Fähren und Segelboote in allen Größen und Farben in dem blauen, leicht bewegten Wasser.

Auf der anderen Seite der Brücke folgten wir Layla zum »Tunel«, einer Art Untergrundbahn, mit der man ohne Zwischenstopp zum Distrikt des Klosters gelangt. Auf der sehr kurzen Fahrt tief unten im Tunnel in einem überfüllten Zug ohne Innenbeleuchtung und mit nur einem schwachen Scheinwerfer, der vor uns die Dunkelheit erhellte, begann Bonney zu spüren, dass sie hier zu diesen Menschen gehörte. Wenn man schließlich seinem Verlangen nachgibt, dann bringt einem der bloße Akt des Suchens Freude.

Nachdem wir den Zug verlassen hatten, wanderten wir auf der Suche nach dem Eingang zum Kloster durch die schmalen, von Läden gesäumten Straßen, wo die Leute Musikinstrumente herstellten und verkauften – Zithern, Ouds, Baglamas und andere lautenähnliche Saiteninstrumente. Wir bemerkten eine Gruppe von Menschen, die wir für amerikanische College-Studenten hielten. Sie hatten sich vor einem Eisentor versammelt, hinter dem ein kleines Gebäude lag. Wie sich herausstellte, waren es deutsche Studenten, die ausgebeulte Hosen und Fußball-T-Shirts trugen und große Rucksäcke dabeihatten. Als sie hörten, dass wir Englisch sprachen, kam einer zu uns und fragte: »Please – what hour open?« Wir erkannten, dass er eins von Rumis Büchern in deutscher Übersetzung in der Hand hatte, und damit war klar, dass wir das Kloster gefunden hatten.

Schließlich kam Mehmet, um uns alle zu begrüßen, ein großer, schlaksiger Mann, der eine Gitarre in einem Stoffetui auf dem Rücken trug. In perfektem Englisch erklärte er uns, heute sei Rumis Geburtstag, und aus diesem Anlass würden die Derwische einige Besucher ins Kloster lassen, darunter auch Medienvertreter.

Das Tor wurde für uns alle geöffnet, aber bis zum Beginn der Zeremonie (*Sema*) hatten wir noch eine halbe Stunde Zeit. Wir spazierten durch den Garten, und Bonney bemerkte einen Baum voller reifer Granatäpfel. Sie lächelte bei der Erinnerung an die vielen mit Granatäpfeln verzierten Töpferwaren in Sizilien, und wie ihr Besuch dort der Anlass zu dieser Reise gewesen war.

Als die Türen zum Kloster selbst geöffnet wurden, betraten wir eine kleine achteckige Halle aus dunkelbraunem Holz, in der drei Reihen von Stühlen im Halbkreis am Rand des polierten Tanzbodens standen. Layla, Mehmet, Bonney und ich setzten uns in die erste Reihe. Über uns befand sich ein kleiner Balkon, auf dem drei Musiker leise ihre Instrumente stimmten – ein Oud, eine Flöte und eine Rahmentrommel.

Die friedliche Atmosphäre wurde plötzlich unterbrochen, als sich ein Pulk von Medienvertretern, bewaffnet mit Kameras, Scheinwerfern und Notizblöcken, durch den kleinen Vordereingang drängte, um einen guten Platz für die *Sema* zu finden. Es müssen ungefähr zwanzig Leute gewesen sein, und quer durch den Raum konnten wir sie in verschiedenen Sprachen reden hören. Die Ungeduld, der Lärm und die Aufregung, die sie verbreiteten, ließen die Befürchtung aufkommen, sie könnten die *Sema* ruinieren. Während sie drängelten, um eine gute Position für ihre Kameras zu finden, versperrten sie den Derwischen den Eingang und den Weg zum hölzernen Tanzboden.

Aber als die Presseleute schließlich merkten, dass die Derwische hinter ihnen waren, bildeten sie eine Gasse, um die Männer durchzulassen. Eine Reihe von zehn Derwischen, gekleidet in braune Umhänge und mit hohen braunen Hüten auf dem Kopf, brachte eine Atmosphäre von Konzentration und Entschlossenheit in den Raum.

Die drei Musiker auf dem Balkon stimmten eine langsame, besinnliche Melodie an. Neun der zehn Derwische legten ihre braunen Umhänge ab, unter denen sie ihre Meditationskleidung trugen – weiße Gewänder, die in der Taille mit Schärpen gerafft waren –, und bildeten einen Kreis um den Tanzboden. Jeder von ihnen begab sich zum zehnten Derwisch, ihrem Führer oder *Sheikh*, und empfing von ihm eine Geste der Ermutigung und die Erlaubnis, den hölzernen Boden zu betreten und mit dem wirbelnden Tanz zu beginnen.

Anfangs wirbelten die neun Derwische im Kreis herum, den sie dann jedoch allmählich auflösten, sodass jeder seinen eigenen Platz und seine eigene Achse fand. Der zehnte Derwisch nahm abwechselnd an diesem Wirbel teil und verließ ihn wieder, gab den anderen für die Zuschauer nicht wahrnehmbare Signale, und sie reagierten darauf, indem sie ihre Körperhaltung oder Bewegung subtil anpassten. Mehmet erklärte uns später, der Führer habe die Aufgabe, dafür zu sorgen, dass die Derwische ihren Kopf genau richtig hielten, damit ihnen beim Herumwirbeln nicht schwindlig werde.

Bonney saß so nahe wie möglich bei den Derwischen, und sie konnte ihren Schweiß riechen und ihren Gesichtsausdruck sehen, wenn sie bei ihrem kreisförmigen Tanz an uns vorüberkamen. Wie einen warmen Atem spürte sie den Luftzug auf ihrem Gesicht, wenn die Derwische in ihren schweren Gewändern sich drehten und drehten. Es gab nur zwei Geräusche: den monotonen Rhythmus der Musik und das Zischen der Gewänder.

Als das Herumwirbeln immer intensiver wurde, fragte sich Bonney, ob die Derwische wohl in Trance waren. Wie lange konnten sie das durchhalten? Sie wirkten jetzt schwerelos, die ausgestreckten Arme sahen aus wie Flügel, die sie in die Luft hoben, und doch schienen sie auf der Erde verankert, denn ihre Füße berührten den Boden. Bonney beobachtete sie auch mit einer gewissen Sorge. War es nicht gefährlich, so etwas zu tun? Was empfanden sie dabei, wenn sie sich diesem Wirbel und den damit verbundenen Gefühlen aussetzten?

Die Medienvertreter verhielten sich absolut still – sie fotografierten nicht, die Beleuchtung war nicht eingeschaltet, niemand machte Notizen. Als die Bewegungen der Derwische allmählich langsamer wurden, verlangsamte sich auch die Musik, und die Männer beendeten ihren Tanz, indem sie ihre Arme vor der Brust kreuzten, den Kopf neigten und sich an den Rand des Tanzbodens zurückzogen.

Ein Derwisch stand direkt neben Bonney, und sie studierte intensiv sein Gesicht. Seine Augen waren geschlossen, sein Ausdruck gelassen und nach innen gekehrt. Bonney schloss ebenfalls die Augen und versuchte, die Ausstrahlung des Derwischs zu spüren. Sie wusste nicht, wie viel Zeit vergangen war, aber das Nächste, was sie empfand, war das deutliche Gefühl, dass der Derwisch sich von ihr entfernt hatte.

Die Derwische nahmen ihre Positionen auf dem Tanzboden wieder ein und begannen sich erneut auf der Stelle zu drehen. Bonney spürte, wie sie von einer tiefen Furcht befreit wurde. Etwas in der Selbstvergessenheit der Derwische hatte ihre eigene Fähigkeit zur Selbstaufgabe inspiriert, und der zweite Teil der *Sema* ließ ihre Freude wachsen. Während sich die Derwische erst immer schneller auf der Stelle drehten und dann wieder über den Tanzboden zu kreisen begannen, fühlte Bonney sich eins mit ihnen, dem Klang der Musik, dem Zischen der Gewänder, der Führung des *Sheikh*. Endlich war sie voll und ganz zu Hause in der Welt, die Zeit schien stillzustehen, Bonney nahm keine Trennung zwischen sich und anderen mehr wahr, existierte nur noch als liebevolle Zeugin des Wunders, das sie gerade sah.

Ein Schauer lief ihr über den Rücken, als die Zeremonie zu Ende war und der *Sheikh* vortrat und – erst auf Türkisch, dann auf Englisch – erklärte, bei den Lehren Rumis gehe es vor allem darum, die Trennung zu überwinden, denn im tiefsten Urgrund seien wir alle eins.

Der Urgrund des Seins

Wir könnten die Goldene Regel folgendermaßen neu formulieren: »Tue anderen Gutes, denn sie sind du selbst.«
Larry Dossey, Arzt und Autor

In seinen dunkelsten Stunden, als er zu Beginn des Zweiten Weltkriegs von der faschistischen Polizei in Rom in Einzelhaft gehalten wurde, hat mein Lehrer Roberto Assagioli Furcht, Zorn und Selbstmitleid überwunden, indem er sich an Momente des Einsseins erinnerte, die er erlebt hatte, und sich in der Meditation auf sie konzentrierte. Keine erzwungene Isolation konnte ihn von dem Wunder fernhalten, das er in diesen Augenblicken entdeckt hatte: »ein Gefühl der Grenzenlosigkeit, der Einheit mit allem, was ist, ein Verschmelzen mit dem Ganzen«.

Assagioli benutzte das Wort »transpersonal« zur Beschreibung solcher Zustände; dasselbe Wort gebrauchte auch ein anderer Pionier der Psychotherapie im frühen 20. Jahrhundert, der Schweizer Psychiater C. G. Jung. Transpersonal bedeutet »jenseits der Persönlichkeit«, und als Erforscher der menschlichen Natur waren Assagioli und Jung der Meinung, solche transpersonalen Erfahrungen seien eine genauere Untersuchung wert, denn sie führten zu deutlich erkennbaren positiven Veränderungen der geistigen Einstellung von Menschen, verbesserten ihr emotionales Gleichgewicht, die körperliche Entspannung und das spirituelle Wissen. Keine Frage: Wenn eine Pille uns das alles geben könnte, wäre sie ein Verkaufsschlager. Die Tatsache, dass etwas in unserer eigenen Natur Verborgenes an die Oberfläche steigen und uns diese Erfahrungen vermitteln kann, ist erstaunlich.

Assagioli und Jung stießen bei ihren Fachkollegen auf Skepsis, weil es keine Möglichkeit gab, objektiv nachzuweisen, was die Ursachen solcher Erfahrungen waren. Als ich zum ersten Mal das Gefühl der Seligkeit erlebte, wäre es beispielsweise nicht möglich gewesen zu »beweisen«, dass meine Ergebung in den drohenden Tod mich für diese Seligkeit geöffnet hatte. Man könnte argumentieren, dass sich das Gefühl der Seligkeit, aus welchem Grund auch immer, nur bei dieser Gelegenheit einstellte und dass die nächste Begegnung mit dem drohenden Tod bei mir oder irgendeinem anderen Menschen vielleicht völlig anders verlaufen würde. Es gibt keine Möglichkeit, definitiv vorherzusagen, dass die Todesnähe und das Gefühl der Seligkeit miteinander in direkter Verbindung stehen, obwohl es zahllose Zeugnisse für dieses Zusammentreffen gibt, wie beispielsweise auch die Geschichten, die ich im letzten Kapitel erzählt habe. Als mein Vater auf seinem Sterbebett fragte: »Darf ich jetzt gehen?«, und gleich darauf starb, spielte ein ganz besonderes Lächeln um seine Lippen, das meine Mutter und meine Brüder noch nie in seinem Leben gesehen hatten.

Gegen transpersonale Erfahrungen des Einsseins wird oft eingewendet, dass sie nicht eine andere Dimension der Wirklichkeit spiegeln, sondern nur starke Fantasien ausdrücken. Die Kontroversen über Nahtoderfahrungen konzentrieren sich besonders auf diesen Unterschied. Es wird argumentiert, dass die Leute nicht wirklich in eine andere Dimension eintreten und dort ihre bereits verstorbenen Verwandten treffen; vielmehr sei ihr Treffen »auf der anderen Seite« reines Wunschdenken, eine Fantasie, die unter dem Druck des nahen Todes als tröstliche Vorstellung in den Sinn kommt. Aber ganz abgesehen davon, dass es mehrere Verwandte gibt, die ich gar nicht mehr wiedersehen möchte, zu welchem Schluss kann ein rational denkender Mensch bei solchen Geschichten kommen?

Pragmatische Beweise

Wirklich ist, was wirkt.
Kurt Lewin, Gestaltpsychologe

Viele Jahre lang haben Bonney und ich die Debatten über die faktische Realität transpersonaler Erfahrungen verfolgt, und wir haben unser eigenes Resümee von Assagioli übernommen, der pragmatisch entschieden hatte, dass er solche Erfahrungen, da sie positiv und lebensfördernd sind, für realistisch genug hielt. Als ein Beispiel erwähnte er die Behauptung der Skeptiker, die erleuchtenden Visionen des heiligen Franziskus von Assisi seien in Wirklichkeit durch epileptische Anfälle hervorgerufen worden. Wenn das so war, schlussfolgert Assagioli, dann sollten die weit verbreiteten Auswirkungen der inspirierten Lehren des heiligen Franziskus über Weisheit und Mitgefühl uns dazu anregen, die verschiedenen Aspekte der Epilepsie zu überdenken. Wenn eine Frau nach einer Nahtoderfahrung überzeugt ist, dass sie in dem strahlenden Licht verstorbene Verwandte getroffen hat, und wenn sie sich deshalb nicht mehr vor dem Tod fürchtet, einen neuen Sinn in ihrem Leben findet und sich allen Menschen gegenüber freundlicher verhält – wo ist das Problem?

Aber nicht nur wir bevorzugen solche pragmatischen Schlussfolgerungen. Ein großer Teil der modernen Medizin, nach deren Grundsätzen Ihr Arzt Sie behandelt, basiert auf genau demselben Pragmatismus. Wir wissen nicht, warum viele Medikamente so wirken, wie sie es tun, aber wenn sie wirken, dann benutzen wir sie. Aspirin wird schon lange gegen Schmerzen und Fieber, zur Blutverdünnung und als Vorbeugung gegen Herzinfarkte verordnet, obwohl wir viele, viele Jahre lang keine Ahnung hatten, wie die Substanzen, aus denen das Mittel besteht, solche positiven Wirkungen herbeiführen. Hätten Sie sich geweigert, Aspirin zu nehmen, solange es keinen definitiven Beweis dafür gab, wie es wirkte? In einem größeren Rahmen betrachtet: Eine Kraft des Universums, die wir elektromagnetische Energie nennen, versorgt Sie mit Licht, sobald Sie eine Lampe anschalten, und es ist sehr unwahrscheinlich, dass Sie deren reale Existenz je infrage gestellt haben.

Bei vielen geheimnisvollen Vorgängen in unserer Welt verlassen wir uns auf pragmatische Schlussfolgerungen, und transpersonale Erfahrungen müssen vorerst vielleicht auf diese Liste von Geheimnissen gesetzt werden, auch wenn sich die Situation möglicherweise schon ändert, während ich dies schreibe. In meinem Nachwort werde ich noch darauf eingehen, wie einige wissenschaftliche Fortschritte bei der bildlichen Darstellung von Aktivitäten des Gehirns jetzt objektive Beweise dafür liefern, dass tatsächlich ein Zustand des Einsseins tief in unserer Natur schlummert.

In seinem Klassiker *Die Vielfalt religiöser Erfahrung* hat William James, der Vater der amerikanischen Psychologie, seine eigenen Ansichten von solchen überraschenden Momenten zusammengefasst:

»Unser normales Wachbewusstsein ist nur eine besondere Form des Bewusstseins, umgeben von … vollkommen anderen potenziellen Bewusstseinsformen.«

Er hatte erkannt, dass diese »potenziellen Bewusstseinsformen«, die er persönlich erlebt hatte, sich auf »eine Art … Einklang hinbewegen. Es ist so, als würden die Gegensätze der Welt, deren Widersprüche und Konflikte alle unsere Schwierigkeiten und Probleme hervorrufen, zu einer Einheit verschmolzen.«

Eine persönliche Herausforderung

Ich bin so klein, man sieht mich kaum.
Wie kann diese große Liebe in mir sein?
Rumi

Wenn Sie an die Erfahrungen zurückdenken, die ich in diesem dritten Teil des Buches beschrieben habe, erkennen Sie, dass sie uns tatsächlich über unsere Persönlichkeit und unser normales Selbstverständnis hinausführen. In jeder dieser Geschichten wird jemand von den engen Grenzen der Selbstwahrnehmung befreit, in denen wir normalerweise leben; er oder sie spürt eine Erweiterung, eine Öffnung, eine Verbundenheit und ein Einssein mit allem, was lebt. Diese Augenblicke der Befreiung aus dem »inneren Gefängnis«, wie Assagioli unsere ich-bezogene Getrenntheit nannte, werden zu starken Erinnerungen, die auch dann noch nachwirken, wenn die Erfahrung des Augenblicks verblasst und das Gefühl des Getrenntseins zurückkehrt. Die Erinnerung an das Einssein ist jetzt ein Teil der persönlichen Identität und kann darin viel Gutes bewirken. Dies ist die Art von Erinnerung, die meinem Lehrer während seines Martyriums Kraft verlieh – und ihn nach einer dieser Erfahrungen schreiben ließ: »Freude ist die innerste Essenz der Wirklichkeit.«

Aber Sie können dieses Wissen nur voll ausschöpfen, wenn Sie sich selbst der Herausforderung stellen zu entscheiden, was Sie wirklich von diesen Geschichten halten. Wie beschrieben, sind sie vielen verschiedenen Menschen passiert – das ist objektiv wahr –, aber was können Sie damit nun wirklich anfangen? Ich weiß, dass ich Sie am Beginn dieses Weges zu einer wenig reizvollen Übung aufgefordert habe – den Schleier der Leugnung von den tiefsten Ursprüngen Ihrer Angst und Verwundbarkeit zu lüften –, doch es ging bei dieser Praxis immer darum, hierher zu finden, zur Entdeckung des Einsseins. Und Sie müssen auch nicht wie Bonney nach Istanbul oder wie Edina nach New Mexico reisen, Ryans Midlife-Krise oder Barbaras Leidensweg durchleben, um dies für sich selbst zu entdecken. Sie müssen sich lediglich entscheiden, ob es im Kern der Wirklichkeit, im Urgrund Ihres Seins etwas von fundamentaler Bedeutung gibt oder nicht und ob die direkten Erfahrungen dieser Menschen Ihnen den Weg dorthin zeigen.

Ich weise hier ausdrücklich auf diese Herausforderung hin, denn Bonney und ich haben im Laufe der Jahre von Kollegen, Patienten oder Meditationsschülern viele Geschichten über transpersonale Erfahrungen gehört, denen etwas Entscheidendes fehlte: Sie hatten der Erfahrung noch keine klare Bedeutung für sich selbst zugeordnet. Obwohl sie uns ihre Geschichten mit leicht gedämpfter Stimme erzählten und damit den Eindruck erweckten, dass sie uns etwas sehr Intimes, ja sogar Geheimnisvolles mitteilten, das sie lange Zeit in ihrem Inneren verschlossen hatten, bezeichneten sie ihre Erfahrungen immer noch als »bizarr« oder »seltsam«. Wir haben solche abschätzigen Beschreibungen so oft gehört, dass wir schließlich immer wieder entgegneten: »Sie dürfen das nicht bizarr nennen.«

Es klingt leicht dahingesagt, ist jedoch sehr ernst gemeint. Es ist gemeint als eine Herausforderung, sich intensiver mit dem auseinanderzusetzen, was die Erfahrung über die in unserer Natur verborgenen Potenziale aussagt. Es soll ausdrücken, was diese Reise, die wir in diesem Buch gemeinsam unternommen haben, vermitteln will: dass Sie eine höhere Wirklichkeit wahrnehmen können, welche über die natürliche, sachlich begründete Furcht in diesem Leben hinausgeht. Manchmal erfahren wir diese höhere Realität, wenn wir uns in den bevorstehenden Tod ergeben, so wie es mir bei dem Unwetter am See erging; manchmal erfahren wir sie unter extrem widrigen Umständen wie George in den Jahren der Demütigung und Drogenabhängigkeit oder Assagioli im Gefängnis; manchmal wird sie herbeigeführt durch ein Kunstwerk an einer Kirchenwand in Florenz oder durch eine gezielte Veränderung des Bewusstseins wie bei Miriam in ihrer geführten Meditation oder bei Ryan im Konferenzraum. Wie auch immer und wann auch immer diese Erfahrung kommt und ganz gleich wie mild oder intensiv sie sein mag, diese Augenblicke des Einsseins hinterlassen eine Spur, und wir wissen, dass wir nie wieder dieselben sein werden.

Erkenntnis, Furchtlosigkeit und grenzenlose Verbundenheit brechen in unser gewohntes Leben ein wie ein großes Licht, das plötzlich in der Dunkelheit erstrahlt. Wir werden erleuchtet durch eine frische, neue Art, das Leben zu spüren und zu sehen. Das Licht lässt uns aus unserem bisher im Halbschlaf verbrachten Leben erwachen, manchmal für Jahre, bisweilen sogar für unser ganzes Leben. Diese Augenblicke, in denen das Licht uns erweckt, vergessen wir nie. Als Miriam ihre Glücksgefühle unvergesslich nannte, war ihr die volle Auswirkung des Lichtes bewusst, das durch ihre Jahre voller Trauer und Leere schien.

Die Auswirkungen des Gefühls, eins mit allem zu sein, sagen uns etwas von lebenswichtiger Bedeutung. Unter unserer Furcht befindet sich ein Speicher der Liebe von so riesigen Ausmaßen, dass sogar eine winzige Kostprobe davon unser Leben verändern kann. Ein Augenblick der Seligkeit hat mein Leben verändert, hat mich zu einer gründlicheren Auseinandersetzung mit Meditation und psychospiritueller Entwicklung motiviert und mich dazu geführt, zu lehren, zu reisen, zu schreiben und viele interessante Menschen kennenzulernen. Vor allem aber hat er mich zu der Erkenntnis geführt, dass die Liebe der Urgrund unseres Daseins ist, jenseits aller Veränderungen und Verluste im Leben.

Das Leben, wie es ist

Die Essenz lässt sich in diesen beiden Erfahrungen zusammenfassen – Einssein mit dem Strom des Lebens und Einssein mit dem Ganzen –, und diese beiden Erfahrungen befinden sich durchaus in Ihrer Reichweite.
Evelyn Underhill

Nun wissen Sie, dass es möglich ist, sich der eigenen Angst furchtlos zuzuwenden. Und Sie wissen, dass Ihr natürlicher Überlebensinstinkt durch Ihre natürliche Fähigkeit zum Einssein ausgeglichen wird. Ihr angeborenes Potenzial, Weisheit, Verbundenheit, Mut und Seligkeit zu verwirklichen, bietet Ihnen die Möglichkeit zu einem besseren, vollständiger gelebten Leben.

Ich finde es faszinierend, dass wir einen Zugang zu unserem bedeutsamsten Zustand furchtloser Freude erlangen können, indem wir uns einer so furchterregenden und traurigen Tatsache wie der Vergänglichkeit unseres Lebens auf der Erde zuwenden und sie akzeptieren. Das zeigt mir, dass sämtliche Versuche, vor unseren Ängsten zu fliehen oder sie zu kontrollieren, am Kern aller Lebensweisheit vorbeigehen: Die nackte Wahrheit des Lebens vereitelt jede Flucht oder Kontrolle. Aber wir haben stattdessen die Möglichkeit, das Leben so zu nehmen, wie es ist – und wenn wir sie ergreifen, steigt tief aus unserem Inneren etwas auf, das lange Zeit darauf gewartet hat, erweckt zu werden.

Das aufkommende Gefühl des Einsseins lässt mich an das Gute im Menschen und in der Welt glauben. Wie könnte es sonst sein, dass ein abgeklärtes Lächeln unsere Lippen umspielt, wenn wir uns vollständig und bereitwillig der härtesten Tatsache des Lebens zuwenden?

Das lässt mich noch einmal daran denken, wie ich vor Michelangelos Maria stand. Am Anfang kennen wir sie als die junge Mutter, die anbetend auf ihren neugeborenen Sohn blickt; am Ende sehen wir sie 33 Jahre später als die trauernde Mutter, die ihren erwachsenen Sohn tot in den Armen hält. Sie lächelt am Anfang genauso abgeklärt wie am Ende. Was auch geschehen mag: Angesichts der Wahrheit des Lebens schaut sie nicht weg und wendet ihre Augen nicht ab.

Nachwort
Bewusstsein und Seele

Auf überraschende Weise reichen sich Wissenschaft und Mystik die Hand.
David Brooks, in der *New York Times*

Zustände des Einsseins und der Seligkeit gehörten früher ausschließlich in den Bereich der Religion und waren eine Domäne der Mystiker. Aber in unserer heutigen Zeit sind es die wissenschaftlichen Bewusstseinsforscher und nicht die frommen Gläubigen, die bahnbrechende Entdeckungen über das Mysterium machen, an dem wir alle teilhaben. Modelle eines Kosmos, der das Territorium eines belohnenden und strafenden Gottes ist, treten in der westlichen Kultur zurück und machen einer Vision Platz, in der dynamische Energien auf allen Ebenen miteinander in Wechselwirkung treten, vom Mikro- bis zum Makrokosmos: dort draußen in einem grenzenlosen Universum und hier im Inneren unseres winzigen individuellen Selbst.

Das vorherrschende Bild des Wissenschaftlers ist das eines überwiegend rationalen oder sogar skeptischen Menschen, der sich nur für objektive, quantifizierbare Fakten interessiert. Aber in Wirklichkeit ist die wissenschaftliche Methode aus einem Mysterium hervorgegangen: Sie entstand im 16. Jahrhundert als eine Alternative zur Religion, eine neue Möglichkeit, das Unbegreifbare zu begreifen. Bevor diese Methode entwickelt wurde, war die akademische Bildung dem Adel und dem Klerus vorbehalten; an den Universitäten studierte man Philosophie und Theologie, und die Methode des Studiums war der Vortrag, nicht die Erforschung von Fakten. Suchende wie Thomas von Aquin mussten mit Verfolgung rechnen, wenn sie ihre Suche nach der Wahrheit auch auf eine objektive Erforschung der Natur erweiterten, auf Fakten und Zusammenhänge, so wie sie tatsächlich waren.

Ein moderner Suchender, der Wissenschaft und Religion miteinander verband, war Wilder Penfield, ein kanadischer Neurochirurg, der in der Mitte des 20. Jahrhunderts zum Pionier der Bewusstseinsforschung wurde. Sein lebenslanges Forscherinteresse galt dem Zusammenspiel von Gehirn und Bewusstsein; er wollte wissen, ob neuro-elektrische und chemische Reaktionen das menschliche Denken erklären können. Zwar fand er auf diese Frage keine definitiven Antworten, aber er war überzeugt, dass dieses Rätsel eines Tages zu lösen sein würde. »An diesem Tag des Verstehens«, schrieb er, »werden die wahren Propheten jubeln, denn sie werden in der Wissenschaft einen lang ersehnten Verbündeten bei der Suche nach Wahrheit finden.«

Zufällig nahmen Bonney und ich Jahre nach Penfields Tod an einer Konferenz in Toronto teil und lernten dort eine Krankenschwester kennen, die ihm bei seiner Forschung assistiert hatte. Sie berichtete uns, Penfield sei einer der besten Freunde ihres Vaters und häufiger Gast in ihrem Elternhaus gewesen. Dann rückte sie konspirativ näher und flüsterte uns zu: »Wilder war auf der Suche nach der Seele.«

Ein Bild des Einsseins

Ein Mensch, der still in voller Achtsamkeit dasitzt, beginnt außergewöhnliche Bewusstseinszustände zu wecken.
James Austin, Hirnforscher

Heute können wir das Gehirn auf eine Weise betrachten, von der die Suchenden früherer Zeit nie zu träumen gewagt hätten. Durch den Einsatz von SPECT (Single Photon Emissionscomputertomografie) können wir es in verschiedenen Zuständen fotografieren – man könnte sogar sagen, dass wir die Zustände selbst ablichten und dadurch ein Bild des Schmerzes oder ein Bild der Liebe erhalten.

SPECT dokumentiert als bildgebendes Verfahren die dramatischen Unterschiede zwischen einem Gehirn im Zustand der Angst und einem Gehirn im Zustand der Meditation. Wenn man sich beispielsweise Sorgen macht, werden bestimmte Bereiche des Gehirns elektrisch erregt, während andere sich in Ruhe befinden; beides kann bildlich dargestellt werden. Wenn jemand mit der Meditation beginnt – und deren Verlauf fotografisch dokumentiert wird –, sieht man, wie der Bereich des Gehirns, der bei sorgenvollen Gedanken erregt war, sich allmählich beruhigt und neue Zonen aktiviert werden.

Ein großer Teil dieser Forschung wurde mithilfe von geübten Meditierenden durchgeführt, die gezielt bestimmte Bereiche ihres Gehirns beruhigen und andere aktivieren können. Es bedeutet eine große Leistung für diese freiwilligen Versuchspersonen, unter Laborbedingungen meditative Bewusstseinszustände herbeizuführen. Vielleicht fühlen Sie sich entmutigt, wenn Sie sich fragen, wie Sie ohne ein jahrelanges Meditationstraining dieses neue Verständnis des Gehirns zu Ihrem Vorteil nutzen und in Ihrem eigenen Gehirn mehr Frieden und Gelassenheit erzeugen können. Doch es gibt keinen Grund zur Entmutigung – ganz im Gegenteil: Die Meditierenden tun nichts, was Sie nicht auch tun könnten; sie führen Gehirnaktivitäten herbei, die als Potenzial in jedem von uns schlummern, bis wir sie aufwecken.

Einer der führenden Forscher auf diesem Gebiet, Andrew Newberg von der University of Pennsylvania, hat einen wichtigen Gehirnzustand dieser Art entdeckt, den er »absolute unitary being« (absolutes Einssein) nennt. Im Zustand des absoluten Einsseins fällt unsere Selbstwahrnehmung als getrenntes Individuum von uns ab, und wir fühlen und sehen stattdessen nur unsere Verbundenheit mit allen Dingen.

Kommt Ihnen das bekannt vor?

Newberg hat eine Möglichkeit gefunden, das Einssein zu fotografieren oder – um es mit den Worten eines Journalisten auszudrücken, der seine Arbeit beschrieben hat – »Augenblicke höherer Erfahrung« festzuhalten, wenn wir unsere Grenzen verlassen und »vor Liebe überfließen«. Newberg geht davon aus, dass dieser Zustand des absoluten Einsseins genau das sein könnte, was verschiedene Religionen als Himmel, Nirwana oder Paradies bezeichnen – alles Ausdrücke für die letztgültige Erfahrung des menschlichen Lebens.

An anderer Stelle in diesem Buch ging es um das Bedürfnis nach »mehr«, um das unbeschreibliche Gefühl von Lebenssinn und Verbundenheit, nach dem wir uns so sehnen, wenn die Wahrheit der menschlichen Grundverfassung uns trifft und wir unsere Angst noch nicht verwandelt haben. Die Existenz des absoluten Einsseins weist darauf hin, dass Menschen vollkommen Recht haben, wenn sie ihre Überzeugung ausdrücken, dass unser gewöhnliches Leben nicht alles ist, dass es noch mehr gibt – und vielleicht können wir schon bald das Unbeschreibliche beschreiben und selbst erfahren, was dieses »Mehr« in Wahrheit ist.

Dank

Wir sind die ältesten Mitglieder einer liebevollen Familie von Brüdern und Schwestern, Schwägern und Schwägerinnen, Kindern, Enkeln und Nichten. Ihnen allen danken wir und hoffen, dass dieses Buch ihnen etwas für ihren jeweils eigenen Weg anbieten kann.

Wir werden ständig von vielen Kollegen unterstützt, und hier möchte ich ganz besonders Megan McInnis Burt und Michael Follman erwähnen, die nicht nur Kollegen sind, sondern auch Assistenten in unseren Trainingsprogrammen und liebe persönliche Freunde.

Wir hatten das Glück, viele inspirierende Lehrer und Pioniere aus dem Gesundheitssektor kennenzulernen. Besonders erwähnen möchten wir Barbie Dossey, Larry Dossey und Richard Grossman, die ihre Visionen mit großer Klugheit, Ausdauer und Hingabe verfolgen. Wir sind so froh, dass ihr tut, was ihr tut. Ebenfalls namentlich nennen möchten wir Reverend Mark Bigelow, der uns in einer Zeit schwerer Verluste mit sehr viel Feingefühl unterstützt hat und stets die richtigen Worte fand.

Dieses Buch enthält viele Zitate, weil sie uns an das unablässige Sehnen und Streben so vieler Menschen erinnern, die zu allen Zeiten und in allen Kulturen nach einem Weg der Harmonie mit dem Leben, so wie es ist, gesucht haben. Wir bedanken uns für die Erlaubnis, aus den Werken von Mark Aurel, Dante und Rainer Maria Rilke zitieren zu dürfen. Richard Grossmans wegweisende Kommentare in zwei seiner Bücher, *A Year with Emerson* und *The Tao of Emerson*, haben uns wieder mit der Schönheit und Weisheit von Emersons Gedanken in Kontakt gebracht. Außerdem haben wir einige Zitate von Emersons genialem Zeitgenossen Walt Whitman aufgenommen, der im 19. Jahrhundert in unserer Heimatstadt Huntington, New York, lebte.

Abschließend möchten wir das außerordentliche Privileg würdigen, dass wir mit Hunderten von Patienten, Psychotherapie- und Meditationsschülern arbeiten konnten, die uns im Laufe unseres langen Berufslebens ihre intimen Geschichten und Gefühle mitgeteilt haben. Danke, dass wir von euch lernen durften.